POLYGLOTT

KOPENHAGEN

ON TOUR

W0194961

DER AUTOR

AXEL PINCK

arbeitet für führende Buchverlage, Magazine und Zeitungen
sowie für Rundfunk und Fernsehen. Dänemark und Kopenhagen
haben den Hamburger Autor schon als Jugendlichen
angezogen. Er kennt die vielen Museen und Strände, die
meisten der guten Bars und Restaurants und fühlt sich auch
sonst in der dänischen Haupstadt zu Hause.

Unser E-Book-Code zur elektronischen Erweiterung des
POLYGLOTT on tour. Das kostenlose E-Book enthält die im
Reiseführer aufgeführten Adressen entlang der Touren,
beispielsweise zu Essen und Trinken, Shoppen, Aktivitäten
und Hotel-Tipps. Links auf einen externen Kartendienst
vereinfachen das Auffinden dieser Adressen.

WWW.POLYGLOTT.DE

SYMBOLE ALLGEMEIN

 Erstklassig: Besondere Tipps der Autoren

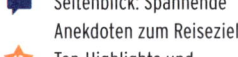 Seitenblick: Spannende Anekdoten zum Reiseziel

 Top-Highlights und Highlights der Destination

TOUR-SYMBOLE		PREIS-SYMBOLE	
❶ Die POLYGLOTT-Touren		Hotel DZ	Restaurant
🟥6 Stationen einer Tour	€	bis 500 DKK	bis 130 DKK
❶ Zwischenstopp Essen & Trinken	€€	500 bis 900 DKK	130 bis 250 DKK
📕 A1 Die Koordinate verweist auf die Platzierung in der Faltkarte	€€€	über 900 DKK	über 250 DKK
📕 a1 Platzierung Rückseite Faltkarte			

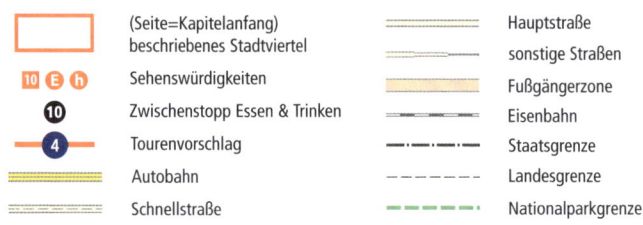

ZEICHENERKLÄRUNG DER KARTEN

(Seite=Kapitelanfang) beschriebenes Stadtviertel	
10 E h Sehenswürdigkeiten	
10 Zwischenstopp Essen & Trinken	
4 Tourenvorschlag	
Autobahn	
Schnellstraße	

Hauptstraße

sonstige Straßen

Fußgängerzone

Eisenbahn

Staatsgrenze

Landesgrenze

Nationalparkgrenze

Hillerødgade

Bispeengbuen

Fuglebakken

Norrebro parken

Jagtvej

Norrebrogade

Nørrebro

Frederiksberg

Assistens Kirkegård

Hans Tavsens Park

Nørrebrogade

Griffenfeldsgade

Nordre Fasanvej

Bispeengbuen

Bragevej

Agade

Ranzausgade

Godthåbsvej

Falkoner Allé

Godthåbsvej

Agade

Bolighedsvej

Åboulevard

Nørrebro & Østerbro S. 126

Nyelands vej

Bülowsvej

Thorvaldsensvej

H.C. Ørstedsvej

Solbjerg M

Frederiksberg M

Landbohøjskolens Have

Danasvej

Forum M

Kampman

Skt. Jørgens S

Frederiksberg S. 121

Smallegade

START **7**

Allé gade

Gammel

Frederiksberg

Bülowsvej

Alhambravej

Kongevej

Vodrofsvej

Ved Vesterb

Fasanvej

Frederiksberg Have

Frederiksberg Allé

Platanvej

Vesterb

Vesterbro

Roskildevej

Engvej

Vesterbrogade

Istedgade

Boulevard Hal

Søndermarken

Enghaven

Enghavevej

0 500 m

Vesterbro S. 11

TOP-12-HIGHLIGHTS

Der Nyhavn bietet Liegeplätze für Ausflugsboote und historische Fischerkähne

TYPISCH

KOPENHAGEN IST EINE REISE WERT!

Jugendlich und nostalgisch, alternativ und traditionell sind in Kopenhagen keine Gegensätze, sondern ergänzen einander aufs Beste. Die attraktive Metropole mit rund 600 000 Einwohnern ist gleichzeitig entspannt, lässig und voller interessanter Sehenswürdigkeiten.

AXEL PINCK

Der Hamburger Autor arbeitet für führende Buchverlage, Magazine und Zeitungen sowie für Rundfunk und Fernsehen. Dänemark und Kopenhagen haben ihn schon als Jugendlichen angezogen, er kennt die vielen Museen und Strände, die meisten der guten Bars und Restaurants und fühlt sich auch sonst in der dänischen Haupstadt zu Hause.

Gleich nach dem befreienden Abschluss der langen Schulzeit machte ich mich vor vielen Jahren mit einem Freund auf nach Kopenhagen, um die neu gewonnene Unabhängigkeit zu feiern. Die dänische Hauptstadt erschien uns dann damals entspannt und offen, nicht so spießig wie unsere Heimat.

Eigentlich ist Kopenhagen eine überschaubare, gemütliche, *hyggelige* Stadt geblieben. Die wichtigsten Attraktionen und Sehenswürdigkeiten lassen sich gut zu Fuß erreichen, weitere Strecken schnell mit dem Fahrrad zurücklegen. Auch wer heute aus der wuseligen Eingangshalle des Hauptbahnhofs mit ihren vielen Snack- und Verkaufspavillons heraustritt, spürt es schnell. Hier liegt ein besonderes Flair in der Luft, eine beschwingte Atmosphäre. Anregend und dabei nicht oberflächlich. Dafür sorgt auch die lange, zu Stein gewordene Geschichte des Königreichs, die aber erstaunlicherweise nicht erdrückend wirkt. In Kopenhagen gibt es mehr Königsschlösser als in London und mit Margrethe II. eine Respekt gebietende Königin, die Bühnenbilder für die Oper entwirft, ungewöhnlich bunte Kleider trägt und als Kettenraucherin berüchtigt ist. Wen wundert es, dass mehr als 80 Prozent der Dänen die Monarchie behalten wollen.

Kopenhagen liegt am Wasser, und das macht die Stadt nicht nur für mich so reizvoll. Gut besuchte Strände am Öresund gleich nördlich und südlich des Zentrums, eine mehrere Kilometer lange Promenade am Innenhafen zum Flanieren, mit Cafés und einer geglückten Kombination von histori-

schen Bauten und aufregender neuer Architektur, zu der auch einige avant-
gardistische Fußgängerbrücken und mehrere Stadtbäder gehören. Hinzu
kommen die pittoresken Kanäle in Christianshavn und die Stadtseen, die
das Zentrum nach Norden begrenzen und die Jogger jederzeit umkreisen.

Wer sich fragt, warum die Hauptstadt des Königreichs an dessen östli-
chem Rand liegt und eine für das kleine Land ungewöhnliche Zahl und
Pracht von Königsschlössern aufweist, muss bedenken, dass Dänemark
noch vor rund 400 Jahren eine skandinavische Großmacht war: Dazu gehörten große Teile Südschwedens und der schwedischen Westküste, außerdem Norwegen, Gotland, Island, die Faröer sowie Schleswig-Holstein.

Heute zählt Dänemark zwar zu den sechs kleinsten Staaten der Europäischen Union, hat aber dank seiner Wirtschafts- und Gestaltungskraft erheb-
lichen Einfluss. Aus Kopenhagen kommen regelmäßig gesellschaftliche
Impulse zu ganz unterschiedlichen Themen, wie zur Gleichberechtigung
der Frau, zu Rechten Homosexueller, zu neuen Formen des Zusammenle-
bens, zur alternativen Energiegewinnung, zur nachhaltigen Produktion von
regional angebauten Lebensmitteln und vielen anderen mehr.

Auch der internationale Erfolg dänischer Fernsehserien, meist für das
öffentlich-rechtliche Danmarks Radio (DR) produziert, trägt dazu bei, Kopenhagen und seine Stadtansichten weltweit populär zu machen. So wie
»Borgen – Gefährliche Seilschaften«, eine intelligente Serie über Macht und
Intrigen in der Politik. »Kommissarin Lund« verknüpft die Arbeit einer Kopenhagener Mordkommission mit Politik und menschlichen Schicksalen.
Die dänisch-schwedische Koproduktion »Die Brücke – Transit in den Tod«
beginnt mit einer Leiche mitten auf der Öresundbrücke und eskaliert dra-
matisch. In »Der Adler – Die Spur des Verbrechens« geht es um eine auf

Kopenhagen ist vielseitig, ob bei Shoppen, Kunst, Musik oder Kunsthandwerk

Holmen in Kopenhagen stationierte Spezialeinheit, die internationale Verbrechen bekämpfen soll. In »Protectors – Auf Leben und Tod« dreht sich alles um eine dänische Polizeieinheit zur Bewachung besonders gefährdeter Personen öffentlicher Bedeutung. In dem Politikthriller geht es aber auch um Klimaschutz oder Islamismus.

Kopenhagen spielt inzwischen als kulinarische Metropole Skandinaviens eine herausragende Rolle. Ich habe – beruflich – das Glück, die meisten der besten und viele der originellen, exzellenten und kreativen Restaurants der Hauptstadt zu kennen. Aber mir sind auch Hotdogs und Smørrebrød oder das moderne Streetfood nicht fremd. Und was für die Kochkunst gilt, trifft auch auf bildende Kunst, Design und Mode zu. Kopenhagen steht an der Spitze der skandinavischen Avantgarde, mit tollen Kunstmuseen, innovativen Galerien und anderen Ausstellungsräumen, angesagten neuen Modelabels und Kaufhäusern voller Designobjekte, die den Alltag verschönern. Selbst das vor über 40 Jahren als alternative Freistadt gegründete Christiania wirkt da, nach dem Verkauf durch die Stadt an die eigenen Bewohner, schon etabliert, auch wenn durch die zentrale Pusherstreet noch immer die süßlich-würzigen Rauchschwaden der Kiffer ziehen – hier immerhin legal.

Auf eins kann man sich in Kopenhagen stets und überall verlassen: Natürlich ist die dänische Hauptstadt nicht so sonnenverwöhnt wie die Küsten des Mittelmeers, aber sobald die Sonne hinter den Wolken hervorlugt, zieht es die Menschen ins Freie, ob in Christiania, am Nyhavn oder entlang der Einkaufsstraße Strøget. Kneipen, Cafés und Restaurants stellen Tische und Stühle raus, statt dicker Schals und Jacken sind lässige Shorts und T-Shirts angesagt. Und wenn schon nicht der Sonnenschein, so ist die sonnige Atmosphäre auf jeden Fall etwas Alltägliches für Kopenhagen.

Nicht der ersehnte Prinz, aber immerhin Gesellschaft für die Kleine Meerjungfrau

WAS STECKT DAHINTER?

Die kleinen Geheimnisse sind oftmals die spannendsten. Wir erzählen die Geschichten hinter den Kulissen und lüften für Sie den Vorhang.

WARUM HAT DIE KLEINE MEERJUNGFRAU KEINE SCHWANZFLOSSE?

Das Kopenhagener Wahrzeichen »Den lille Havfrue« sitzt seit 1913 auf einem Findling vor der Uferpromenade Langelinie und blickt sehnsüchtig aufs Wasser. Sie erinnert an ein populäres Märchen von Hans Christian Andersen über eine Königstochter aus dem Meer und ihre unglückliche Liebe zu einem menschlichen Prinzen. Der Bildhauer Edvard Eriksen schuf die Bronzeskulptur im Auftrag von Carl Jacobsen, dem Besitzer der Bierbrauerei Carlsberg. Während der Künstler die Meerjungfrau nach ihrer Verwandlung zum Menschen zeigen wollte, plädierte der geldgebende Mäzen für eine Meerjungfrau mit Fischschwanz. Herausgekommen ist ein Kompromiss, der noch heute zu sehen ist: Die kleine Meerjungfrau besitzt statt einer Schwanzflosse einen menschlichen Unterkörper, anstelle der Füße aber zwei Flossen. Warum »Den lille Havfrue« jedoch zum Wahrzeichen der dänischen Hauptstadt geworden ist, bleibt ihr Geheimnis.

WELCHEN URSPRUNG HAT DIE DÄNISCHE FLAGGE?

Der Dannebrog, die Flagge der Dänen, zeigt ein weißes Kreuz auf rotem Grund. Der Sage nach ist die Flagge am 15. Juni 1219 vom Himmel gefallen und wendete damit das Glück in einer Schlacht gegen die heidnischen Esten zugunsten der Dänen. Mehrere Länder und Ritterorden trugen zur Zeit der Kreuzzüge das Kreuz als Symbol des Christentums in ihren Seezeichen. Und schon die Wikinger hissten bei ihren Fahrten ein rotes Banner auf den Schiffen. Der Dannebrog ist seit 1845 die offizielle dänische Staatsflagge. Als schmaler Wimpel flattert er an den Fahnenmasten in vielen Vorgärten des Dänischen Königreichs im Wind.

WAS TREIBEN DIE DRACHEN AN DER BØRSEN?

König Christian IV. war die wachsende Bedeutung von Handel und Gewerbe bewusst. Dem sollte die 1619–40 erbaute Börse in unmittelbarer Nachbarschaft zum Schloss Christiansborg Rechnung tragen. Das überaus prächtige, im Stil der Niederländischen Renaissance errichtete Gebäude ziert ein 54 m hoher Turm. Den überaus spitzen Turmhelm bilden vier Drachen mit ihren ineinander verschlungenen Schwänzen. Der Legende nach sollten sie die Börse vor Feuer schützen. Erstaunlicherweise haben sie das trotz verheerender Stadtbrände wie in den Jahren 1728 und 1807 bis heute geschafft.

50 DINGE, DIE SIE …

Hier wird entdeckt, probiert, gestaunt, Urlaubserinnerungen werden gesammelt und Fettnäpfe clever umgangen. Diese Tipps machen Lust auf mehr und lassen Sie die ganz typischen Seiten erleben. Viel Spaß dabei!

… ERLEBEN SOLLTEN

1 **Stadtsee-Runde** Wer zwischen Tycho Brahe Planetarium und Gyldenløvesgade um den Sankt Jørgens Sø › S. 117 joggt, trifft viele Gleichgesinnte und ist nach 2 km und etwa 20 Minuten – je nach Kondition – rundum glücklich.

2 **Bad im Hafen** Zum Wettschwimmen mit Segeljachten und Wasserbussen kann man ins saubere Wasser des Havnebadet Islands Brygge ▮ H6 direkt an der Kaimauer, schräg gegenüber vom Marriott Hotel, springen (www.svoemkbh.kk.dk).

3 **Im Kajak durch Kopenhagen** In zwei Stunden führt KajakOle von der Strandgade ▮ J5 durch den Hafen und die Kanäle von Christianshavn und rund um Holmen, vorbei an alten Schiffen und neuer Architektur, zurück zum Ausgangspunkt (KajakOle, Strandgade 50, http://kajakole. dk, inkl. Kajak und Erfrischung 395 DKK).

4 **Tauchen im Øresund** Bei Bunker 3 am Amager Strandpark › S. 135 geht es los. Man taucht an der ersten Boje ab zur Skulptur der Hafenhexe, weiter durch Metallstreben und vorbei an Betonröhren, sieht Aale, Krabben, Krebse und Doraden.

An warmen Sommertagen zieht es viele Kopenhagener zum Hafenbad Islands Brygge

Etwa 30 Minuten dauert der Tauchgang für Open-Water-Diver (www.kingfish.dk, 99 DKK, zzgl. Leihausrüstung 400 DKK/Tag, tgl. 17 Uhr).

5 **Paradies für Radler** Kopenhagen lockt mit Radschnellwegen, eigenen Ampeln und speziellen Brücken, die man am besten im Sattel erkundet. »The bike tour« (in Englisch) führt so mit kurzen Stopps über 30 km in etwa 3,5 Std. quer durch die Stadt (Bike Mike, Sankt Peders Stræde 47 ▌ G4, http://bikecopenhagen withmike.dk, inkl. Rad und Helm 300 DKK, Mi–Mo 10, April–Sept. zusätzlich Fr/Sa 14.30 Uhr).

6 **Wikingertörn** Wenn die »Kraka Fyr« oder ein anderes der nachgebauten Wikingerschiffe vom Museumshafen in Roskilde › S. 137 ablegt, müssen alle an Bord anpacken, auf den Fjord hinausrudern und dann die Segel setzen, damit der knapp einstündige Törn zum Erfolg wird (100 DKK, Mai–Sept. tgl. ab 10 Uhr auf Anfrage beim Museum).

7 **Im freien Fall** Unerschrockene stürzen sich beim Bungy-Jump vom 69 m hohen Riesenkran am Refshalevej ▌ K2 in die Tiefe, unter den Blicken der kleinen Meerjungfrau am Ufer gegenüber (www.bungyjump.dk, 550 DDK, Mitte April–Aug.).

8 **Ultimate Frisbee** Dabei kämpfen zwei siebenköpfige Teams darum, eine Frisbeescheibe in die gegnerische Endzone zu werfen. Am besten fragt man im Fælledparken ▌ F/G1, ob man mitspielen darf.

Eine Tour im Kajak durch Christianshavn macht nur Spaß, wenn es nicht regnet

9 **Adrenalinkick** Anfänger lernen in einem zweistündigen Kitesurfkurs, mit dem Drachen über das Wasser zu flitzen. Ideal als Surfrevier mit Winden aus SO bis NW ist der lange Strand und das flache Wasser von Sydvestpynten bei Dragør › S. 136 (Amager Kiteskole, Kalvebodvej, Dragør, http://amagerkiteskole.dk, 599 DKK, Mo–Fr 16, Sa/So 13 Uhr).

10 **Hausbesuch** Wer wissen will, wie die Dänen leben, kann mit »Meet the Danes« eine Kopenhagener Familie beim gemeinsamen Essen dazu befragen, beispielsweise die der Agenturgründerin Anett Wæber in Brønshøj (www.meettheda nes.com, 480 DKK).

Ein Smørrebrød als Snack geht immer

... PROBIEREN SOLLTEN

11 **Schifferlabskaus** Bei dem traditionellen dänischen Seefahreressen *skipperlabskovs* wird klein geschnittenes Fleisch mit Kartoffeln, Lorbeerblättern und Pfeffer gekocht. Dazu werden wie im Restaurant Skindbuksen 🔖 H4 Rote Bete und Roggenbrot serviert (Lille Kongensgade 4, www.skindbuksen.dk).

12 **Grød** Die dänische Variante von Porridge ist sehr beliebt zum Frühstück und besonders lecker in der Kombination Dinkel mit Kastanienpüree, Apfelstücken und gerösteten Mandeln (Torvehallerne › S. 97, http://groed.com).

13 **Knackige Wurst** Der Favorit vieler Kopenhagener Wurstliebhaber ist der *Ristet-Hotdog* mit Ketchup, Remoulade, grobem Senf, rohen und gerösteten Zwiebelringen samt Topping aus Gurkenscheiben im aufgeschnittenen Brötchen. Alles bio bei Den Økologiske Pølsemand › S. 55.

14 **Dänischer Snack** Die Smørrebrød-Variante »Victor Borge« mit Lachs, Krebsschwänzen, Grönlandkrabben, Seehasenkaviar, Limone und Dillmayonnaise schmeckt nach Meer und ist die richtige Wahl unter 250 Belagvarianten auf der 140 cm langen Speisekarte bei Ida Davidsen (Store Kongensgade 70 🔖 J3, www.idada vidsen.dk).

15 **Mikkeller-Bier** Die süffige Kreation »Beer Geek Vanilla Shake« mit Aromen von französischem Kaffee und Vanille gibt es nur, weil das deutsche Reinheitsgebot für die Kopenhagener Kultbrauerei Mikkeller › S. 120 nicht gilt.

16 **Øllebrød** Roggenbrot über Nacht eingeweicht und dann mit Bier gekocht ist ein traditionelles Essen aus frugalen Zeiten. Heute gibt es Øllebrød auch als Fertigmischung und Müslialternative mit Sanddorn und Sahne aufgepeppt zum Frühstück (Møller Kaffe & Køkken 🔖 D2, Nørrebrogade 160, www..moeller kbh.dk).

17 **Limfjord-Auster** Die fleischige europäische Auster, die im dänischen Limfjord gedeiht, mundet vorzüglich mit wenig roten Zwiebeln, ein paar Tropfen Essig und einigen Körnchen Zucker in Kødbyens Fiskebar › S. 36. Aber nur in der kalten Jahreszeit, wenn die Ernte der geringen Bestände gestattet ist.

18 **Rote Grütze mit Sahne** Unaussprechlich für Zugereiste *rød grød med fløde*. Die süße Sünde aus eingekochten roten Beeren gelingt in der Küche des beliebten Royal Smushi Cafe ◼ H4 besonders gut (Amagertorv 6, www.royalsmushicafe.dk).

19 **Akvavit** Das exzellente »Lebenswasser« der Copenhagen Distillery, das mal nach einem Hauch von Anis und Dill, mal leicht pfeffrig schmeckt, wird im Restaurant Palægade ◼ H4 gern zu Smørrebrød ausgeschenkt (Palægade 8, Tel. 7082 8288, http://palaegade.dk).

20 **Kanelsnurrer** Zimtschnecken, die süßen Plunderstücke, schmecken in Kopenhagen am besten bei Meyers Bageri – köstlich frisch und bio (Jægersborggade 9 ◼ D2, www.meyersmad.dk).

21 **Hart wie Felsbrocken** Die passenderweise *klippestykker* genannten, klassischen harten Karamellbonbons produziert Karamelleriet › S. 44 in Nørrebro auch in der Geschmackvariante Lakritz.

... BESTAUNEN SOLLTEN

22 **Designikonen** Zimmer 606 in dem von Arne Jacobsen gestalteten Radisson Blu Royal Hotel › S. 32 ist mit den originalen 1960er-Jahre-Möbeln des dänischen Architekten und Designers eingerichtet.

Jacobsens Design im Radisson Blu Hotel mit den Sesseln »Schwan« und »Ei«

㉓ Weg allen Fleisches Wenn man in der Schlachterei Gourmandiet  H1 Schlange steht, kann man den 120 Jahre alten Wandfries bewundern: der Weg des Fleisches von der Kuh auf der Weide über den Schlachthof bis zum Steak in der Verkaufstheke (Rosenvængets Allé 7 A, www.gourmandiet.dk).

㉔ Kühne Kirche Ungewöhnlich expressionistisch wirkt die Grundtvigs Kirche im Stadtteil Bispebjerg mit ihrer mächtigen Westfassade, die an riesige Orgelpfeifen erinnert, und einigen neogotischen Stilelementen. Sie wurde 1921–40 zu Ehren des Reformers, Pädagogen, Philosophen und Pastors Nikolai Frederik Severin Grundtvig erbaut (På Bjerget 14 B, www.grundtvigskirke.dk).

㉕ Blauer Lichtwürfel Der strenge Baukubus des DR Koncerthuset

Diese Radfahrerin verheißt gutes Wetter

> S. 135 in Ørestad beeindruckt mit tiefblauen Glasfiberfassaden (Ørestads Blvd. 13, www.drkoncerthuset.dk).

㉖ Phänomenale Aussicht Von der 23. Etage des Bella Sky Hotel > S. 32 genießt man einen atemberaubenden Blick auf die Öresundbrücke: Elegant schwingt sie sich von Dänemark nach Schweden. Die zentrale Hochbrücke halten schräge Spannseile.

㉗ Rauchende Engel Das gußeiserne Tor in der Østergade 6  H4 am Strøget zieren drei Engel: Einer raucht Pfeife, der zweite pafft Zigarre, der dritte schnupft Tabak. Des Rätsels Lösung: Hier eröffnete die Tabakfabrik A. M. Hirschsprung & Sønner 1870 ihren ersten Laden.

㉘ Sonnenwagen von Trundholm Der bronzene Kultwagen im Nationalmuseet > S. 75 besticht seit rund dreieinhalbtausend Jahren durch eine hauchdünne, fein mit spiralförmigen Ornamenten verzierte goldene Sonnenscheibe.

㉙ Wettermädchen Wenn die fein vergoldete Radfahrerin den Turm des alten Industriens Hus > S. 98 am Rathausplatz verlässt, um sich elegant in den Sattel zu schwingen, strahlen die Kopenhagener mit ihr um die Wette und freuen sich auf Sonnenschein.

㉚ Kronleuchter Abends erstrahlen im Foyer der Oper > S. 107 drei riesige runde Kronleuchter vor einem rötlichen Hintergrund. Dassel-

Die Grundtvigskirche und die sie rahmende Siedlung entstanden zur gleichen Zeit

be Motiv wie auf dem Banner der Freistadt Christiania. Ob sich das der milliardenschwere Opernsponsor A.P. Møller so gedacht hat?

31 **Vielbrüstiges Grabmal** Die weibliche Gottheit Artemis, die griechische Mutter Natur, markiert die letzte Ruhestätte des Naturwissenschaftlers und Aufklärers Peter Christian Abildgaard (1740–1801) auf dem Assistenz-Friedhof › S. 130.

... MIT NACH HAUSE NEHMEN SOLLTEN

32 **Flagbolcher** Rot-weiß wie die dänische Flagge sind diese handgemachten Bonbons des Hoflieferanten Sømods Bolcher › S. 146 – und enthalten nur natürliche Farb- und Zusatzstoffe.

33 **Lifestyle** Dänisches Design ist zeitlos. Mit dem bunten Tee-Ei aus Silikon von Normann Copenhagen › S. 42 bekommen Abwarten und Tee trinken mehr Stil.

34 **Klassiker** Die schlichte Pendelleuchte »E27« von Muuto erinnert an die gute alte Glühbirne ebenso wie an lange helle Sommertage in der dänischen Hauptstadt (Illums Bolighus › S. 42, 429 DKK).

35 **Kleine Meerjungfrau** Ein Kopenhagenbesuch ohne Selfie mit der märchenhaften *lille havfrue* › S. 89 ist einfach undenkbar.

36 **Leckere Kekse** Täglich backt Leckerbaer › S. 45 süße mürbe Passionsfruchtkekse, die mit sieben anderen Sorten genau in die schmucke Geschenkschachtel passen.

Porzellan von Royal Copenhagen wird meist kobaltbau bemalt und mit drei Wellen signiert

37 Dänische Kunst Auch ein Kunstdruck aus dem Museumsshop von Louisiana › S. 141, wie das Bild »Døddrukne danskere« (Volltrunkene Dänen, 1960) von Asger Jorn, weckt Urlaubserinnerungen – hoffentlich nicht wegen der Trinker.

38 Lakritzpulver So schmeckt der Norden, und die Kreativität der nordischen Köche steckt an: Der Süßholzgeschmack verfeinert Eis, Müsli und Soßen (Grød, Torvehallerne › S. 97, http://groed.com).

39 Designermode Bei Mads Nørgaard › S. 44 erhält man den in den Ferienfarben Himmel- und Meerblau gestreiften Pullover »Sola Kenny Block« schon für 900 DKK.

40 Porzellan Die elegante Butterdose mit dem zarten blauen Blütendekor *Blue Fluted Mega* von Royal Copenhagen › S. 44 schmückt jeden Tisch. Der Preis ist nicht so gesalzen wie die dänische Butter (599 DKK).

41 Zeit Die Dänen beginnen den Morgen gern geruhsam bei einem ausgiebigen Frühstück. Die gläserne zweifarbige 3-Minuten-Eieruhr von Hay › S. 42 sorgt dafür, dass Ei und Tee auch zu Hause perfekt gelingen.

... BESSER BLEIBEN LASSEN SOLLTEN

42 Kopenhagen im Auto Parkplätze sind in Kopenhagen schwer zu finden und zudem teuer. Noch teurer ist das Abschleppen für Falschparker. Man lässt das Auto am besten stehen und erkundet die Stadt zu Fuß, per Rad oder mit öffentlichen Verkehrsmitteln.

43 Radwege missachten Fahrräder sind das wichtigste Verkehrsmittel in der Hauptstadt, und überall, wo es irgendwie möglich war, wurden deswegen Fahrradwege angelegt. Wer darauf herumspaziert, wird schnell mit Klingeltönen verscheucht.

44 Die Königin kritisieren Die Königin ist sehr beliebt – bei fast allen Dänen. Scherze über das Königshaus werden als unangebracht empfunden und dürften daher nicht einmal ein höfliches Lachen hervorrufen.

45 Vordrängeln Bei Warteschlangen gilt: keine Hektik, immer schön der Reihe nach. Da halten es die Dänen mit den Engländern. Drängler müssen damit rechnen, zur Ordnung gerufen zu werden.

46 Mittags zum Middag verabreden Da würde man mehrere Stunden warten müssen. Denn das dänische *middag* heißt auf Deutsch Abendessen. Wer sich zum Mittagessen verabreden will, sollte einen Termin zum *frokost* vereinbaren.

47 Verspäten Wer sich in Kopenhagen zu einer bestimmten Uhrzeit verabredet, kann sicher sein, dass dänische Partner auch genau zu dieser Zeit erscheinen. Unpünktlichkeit gilt als Unhöflichkeit!

48 Dank vergessen Trinkgeld ist in Dänemark nicht sehr gebräuchlich, nicht einmal in Restaurants. Doch jeder Mitarbeiter, auch in Hotel, Café oder Bar sowie jeder Taxifahrer freut sich über ein freundliches Dankeschön für guten Service.

49 Auf Titel bestehen Dänen definieren den Wert eines Menschen nicht über den Titel. Nur wer gern als Angeber angesehen werden will, sollte mit seinen akademischen Errungenschaften protzen.

50 Anzug und Krawatte So gekleidet geht man nur zu hochoffiziellen Anlässen. Bei einer normalen Einladung oder einem Empfang ist feiner Zwirn unüblich, also locker bleiben.

Radwege sind eindeutig markiert

Am Innenhafen beeindrucken die Neubauten von Schauspielhaus und Oper

REISEPLANUNG & ADRESSEN

DIE STADTVIERTEL IM ÜBERBLICK

Die Stadtquartiere des Zentrums haben noch immer den Zuschnitt aus jenen Zeiten, als der »Kaufmannshafen« (København) des Mittelalters an Bedeutung gewonnen hatte. Vor allem dem Monarchen Christian IV. (1577–1648) und seinen Ambitionen, Dänemark zu einer Großmacht zu machen, verdankt Kopenhagen viele markante Gebäude.

INDRE BY

Innere Stadt nennen die Kopenhagener ihr Zentrum zwischen Innenhafen und Stadtseen. Dazu gehören das Kastell und die drei Königsschlösser **Christiansborg, Amalienborg** und **Rosenborg.** Mittendrin verbindet der **Strøget,** die knapp 2 km lange Fußgängerzone, den Platz Kongens Nytorv im Nordosten mit dem Rathausplatz im Südwesten, gegenüber vom Vergnügungspark Tivoli. Der **Rådhuspladsen** ist der traditionelle Versammlungsort für Kundgebungen aller Art, von politischen Demonstrationen bis zur Silvesterfeier. Auf den Straßen sind Fahrräder nicht zu übersehen. Schließlich gehört Kopenhagen zu den fahrradfreundlichsten Städten in Europa. Und die vielen Einbahnstraßen machen, neben wenigen Parkplätzen, das Fahren mit dem eigenen Auto zur Nervensache. Am **Nyhavn,** der an den Kongens Nytorv grenzt, starten Kanalrundfahrten und Wassertaxis, die auch auf die Südseite des Innenhafens übersetzen. Der kleine »Neue Hafen«, wurde schon 1670 eingeweiht, ist also auch bald 350 Jahre alt.

CHRISTIANSHAVN

Wer auf der Knippelsbro den Innenhafen nach Süden überquert, befindet sich unversehens in einem alten Stadtviertel mit Kanälen, Brücken und viel Atmosphäre, das bereits um 1618 begründet wurde. Wieder war es König Christian IV., der mit Steuererleichterungen den Anstoß gab, das frühere Militärgelände zu besiedeln. Am südwestlichen Ufer des Innenhafens entstanden moderne Bauten, Büros und attraktive Apartmenthäuser, direkt am Wasser. Auch wer in einem der romantischen und sehr begehrten Hausboote entlang der Kanäle

wohnt, kann sich glücklich schätzen. Es gibt viele gute Restaurants mit eigenwilligen kulinarischen Kreationen auf hohem Niveau. Ein Teil der längst stillgelegten Befestigungsanlagen wurde in den 1970er-Jahren von Hippies und Alternativen besetzt. Freistadt **Christiania** nannten sie ihre Siedlung und lebten nach eigenen Vorstellungen zusammen. Oft von der Schließung bedroht, auch wegen des offenen Cannabiskonsums, existiert das soziale Experiment inzwischen als staatlich geduldete autonome Gemeinde.

VESTERBRO

Wenn man am **Hovedbanegården,** dem Hauptbahnhof der Stadt, ankommt, befindet man sich schon in Vesterbro. Das Bahnhofsviertel zieht sich vom Bahnhof weiter nach Westen. Es ist ein Quartier im Wandel. Der Schlachthof ist an den Stadtrand gezogen. In die verlassenen Hallen auf dem ehemaligen Schlachthofgelände **Kødbyen** sind coole Bars, angesagte Restaurants, Klubs und Galerien eingezogen. Auch der traditionelle »Red Light District« hinter dem Bahnhof ist kaum wiederzuerkennen. Hier findet man Boutiquen, Werbeagenturen und Boutiquehotels neben pakistanischen Gemüseläden, einfachen Wohnungen und übrig gebliebenen Pornoläden. Wer den Bahnhof zur Bernstorffsgade verlässt, steht dagegen direkt vor dem **Tivoli.** Im weltberühmten Vergnügungspark, noch immer die größte Besucherattraktion der Stadt, können sich die Stadtbewohner und Gäste bei diversen Fahrvergnügen, Vorführungen, Konzerten und in einem der vielen Restaurants amüsieren.

Das Stadtviertel Christianshavn ist eine beliebte Wohnadresse im Zentrum

FREDERIKSBERG

Genau genommen ist Frederiksberg eine Stadt mitten in der Stadt. Die von Kopenhagen umzingelte selbstständige Kommune ist als Wohngegend außerordentlich beliebt. Nette Villen, schöne Apartments, gute Theater und Restaurants sowie das **Frederiksberg Slot** samt einem weitläufigen barocken Park mit dem **Kopenhagener Zoo** sorgen neben vielen Shoppingmöglichkeiten und der hervorragenden Anbindung durch öffentliche Verkehrsmittel ans westlich gelegene Kopenhagener Zentrum für die Attraktivität der Gemeinde. Im Sommerhalbjahr findet auf dem Parkplatz hinter dem **Rådhus** von Frederiksberg der munterste Flohmarkt Kopenhagens statt.

NØRREBRO

Gleich jenseits der **Stadtseen** liegt das dicht besiedelte Viertel Nørrebro, das seit dem 18. Jh. gewachsene Arbeiterviertel. Arbeiter wohnen hier noch immer, dazu Immigranten aus dem Nahen und Fernen Osten, junge Familien und Studenten. In dem lebhaften Stadtquartier gibt es viele Secondhandläden, internationale Spezialitätenrestaurants, Bars und Musikklubs. Die alternative Szene sorgt gelegentlich mit politischen Protesten für Aufsehen. Zentrum des Geschehens ist der **Sankt Hans Torv** mit seinen beliebten Kneipen und Cafés sowie dem ungewöhnlichen Wasserspiel »Das Haus, das regnet« in der Mitte. Das Stadtraumprojekt **»Superkilen«** versucht mit großzügig und kreativ angelegten Plätzen das Miteinander im Multikulti-Viertel zu fördern und den Freizeitwert zu steigern.

ØSTERBRO

An Nørrebro grenzt im Norden Østerbro, allerdings getrennt durch den ausgedehnten **Fælledparken,** in dem auch das städtische Fußballstadion

In den Parkanlagen von Frederiksberg lässt sich freie Zeit bestens genießen

seinen Platz hat. Viele Botschaften und wohlsituierte Familien sind in dem eher gediegenen Viertel zu Hause. In der **Østerbrogade** lässt es sich gut einkaufen, vor allem organische Lebensmittel, auch Designmöbel und Interieur. Wer in Østerbro lebt, spaziert gerne zur **Langelinie,** wo die riesigen Kreuzfahrtschiffe anlegen, und bis zur kleinen Meerjungfrau, die ihren zahlreichen Verehrern stoisch die kalte Schulter zeigt.

KLIMA & REISEZEIT

KLIMA

Das gemäßigte Meeresklima Dänemarks bestimmt auch das Wetter in Kopenhagen. Zwischen der Hauptstadt und der Nordseeküste Jütlands sind Berge Mangelware. Wetter, Wind und Wolken können sich daher von Westen ungehindert nähern. Die gute Nachricht: In Kopenhagen regnet es weniger als an der dänischen Nordseeküste. Aber die schlechte Nachricht: An 11–17 Tagen im Monat nieselt es zumindest

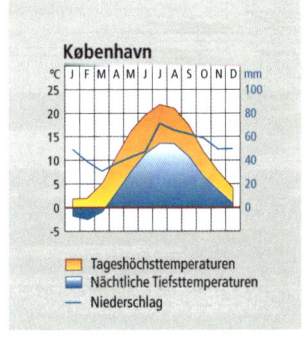

ein wenig aus den Wolken am Himmel über der Hauptstadt. Nicht überraschend: Die Sonne zeigt sich im Winter nur selten, dafür in den Sommermonaten von Mai bis August umso mehr, im Schnitt täglich 8–9 Stunden. Da kann es über 25 °C warm werden und die Badeanstalten und stadtnahen Strände haben Hochsaison. Auch im Winter – der Januar und Februar sind mit durchschnittlich 0 °C die kältesten Monate – ist Schnee die Ausnahme, kann aber alle paar Jahre die Hauptstädter überraschen. Der Wind bläst, meist von Westen, ganzjährig mit relativ moderaten Geschwindigkeiten von 4,5 bis gut 6 Meter pro Sekunde.

REISEZEIT

Der Sommer ist, auch wegen vieler Feste und Festivals, die beliebteste Reisezeit. Vor Restaurants und Bars sind die Plätze im Freien im Nu gefüllt. Auch der Mai und der September können gute Reisemonate sein, meist trocken mit angenehmen Temperaturen. Die übrige Jahreszeit ist bei Kennern beliebt, die Kopenhagen nicht mit zu vielen anderen Touristen teilen wollen. Aber auch in der Vorweihnachtszeit ist die Stadt ein attraktives Reiseziel, wenn die Einkaufsstraßen, Geschäfte und Weihnachtsmärkte festlich leuchten und der Tivoli, weihnachtlich dekoriert, seine Tore öffnet.

ANREISE

Kopenhagen liegt am östlichen Rand der größten dänischen Insel Seeland und ist nach Fertigstellung der Beltbrücke zwischen Fünen und Seeland sowie der Öresundbrücke nach Schweden nicht nur per Flugzeug und Fähre, sondern auch mit Auto und Bahn problemlos zu erreichen.

MIT DEM FLUGZEUG

Der moderne internationale Flughafen von Kopenhagen (CPH, Lufthavnsboulevarden 6, 2770 Kastrup, Tel. 3231 3231, www.cph.dk) liegt 8 km südlich der Stadt in Kastrup. Rund 70 000 Passagiere pro Tag machen ihn zum betriebsamsten von ganz Skandinavien. An Terminal 1 werden nur Inlandsflüge abgefertigt, an Terminal 2 und 3 vorwiegend internationale Verbindungen. Es gibt Direktflüge von/nach Berlin, Bremen, Düsseldorf, Frankfurt, Hamburg, Hannover, Köln, München und Stuttgart in Deutschland, von/nach Innsbruck, Salzburg und Wien in Österreich, von/nach Zürich und Basel in der Schweiz. Buchen kann man die Flüge über die Webseiten der Fluggesellschaften Lufthansa (www.lufthansa.com), SAS (www.flysas.com), Swiss (www.swiss.com), Austrian Airlines (www.austrian.com), Eurowings (www.eurowings.com), Norwegian (www.norwegian.com) und Easyjet (www.easyjet.com).

Die **Metrolinie M2** bringt Passagiere in 20 Min. und für knapp 5 € vom Flughafen zum Hauptbahnhof oder zurück – über weitere Stationen am Kongens Nytorv, in Nørreport, Frederiksberg und Vanløse. Sie verkehrt rund um die Uhr, tagsüber etwa alle 5, nachts alle 15–20 Min. Die **Öresundbahn** fährt vom Hauptbahnhof in 13 Min. zum Airport und von dort weiter über die Brücke nach Malmö. Der Bus 5A fährt vom Airport in 35 Min. direkt zum Hauptbahnhof und hält außerdem am Rathausplatz und in Nørreport. Mit dem Taxi dauert die Strecke vom Flughafen in die Innenstadt je nach Verkehrslage und Ziel etwa 35 Min. und kostet ca. 40 €.

MIT DER BAHN

Der Hauptbahnhof, Hovedbanegården, liegt im Zentrum der Stadt. Von Hamburg und Berlin sowie Städten in Süddeutschland, Österreich und der Schweiz wird Kopenhagen per ICE über die Vogelfluglinie erreicht. Für die 45-minütige Fährstrecke Puttgarden–Rødby wird der Zug an Bord verladen. Von Hamburg aus dauert die gesamte Fahrt knapp 5 Std. Alternativ führt eine landgebundene Bahnstrecke von Hamburg über Flensburg und Fünen mit Umstieg in Fredericia nach Kopenhagen. Diese Fahrt dauert von Hamburg zwischen 5½ und 6½ Std. Vom Hauptbahnhof in Kopenhagen starten Fernzüge über die Öresundbrücke nach Malmö und zu weitere Städten in Schweden. Tickets über www.bahn.de oder www.dsb.dk.

Auf den Fähren der Vogelfluglinie vergeht die Zeit schnell

MIT AUTO UND SCHIFF

Aus dem Westen Deutschlands bietet sich die Strecke über Hamburg an. Die Fahrt von Hamburg über Flensburg, Kolding und Fünen nach Kopenhagen ist knapp 500 km lang und dauert etwa 5 Std. Wer alternativ die Vogelfluglinie wählt, benötigt für die 330 km lange Strecke trotz der 45-minütigen Fährverbindung von Puttgarden nach Rødby (www.scandlines.de) 30 Min. weniger. Aus dem Osten Deutschlands nimmt man am besten die Autobahn nach Rostock. Von dort pendelt eine Fähre nach Gedser (www.scandlines.de) auf der Insel Falster, dann gibt es wieder Straßenanschluss bis Kopenhagen. Für die etwa 440 km von Berlin aus sind knapp 6½ Std. einzuplanen.

STADTVERKEHR

ÖFFENTLICHE VERKEHRSMITTEL

Kopenhagen verfügt über ein gut ausgebautes öffentliches Verkehrsnetz mit Nahverkehrszügen, Metro, Bussen und Wasserbussen. Alle können in Kopenhagen und auf Seeland mit demselben Ticket genutzt werden. Für den Preis ist nur wichtig, wie viele Verkehrszonen man befährt.

METRO

Die Metro (www.m.dk) fährt rund um die Uhr, alle 2–4 Min. in der Rushhour, sonst alle 3–6 Min., nachts und am Wochenende alle 7–20 Min. Durch den Ausbau der Metro (bis 2022) kommt es zeitweilig zu Behinderungen. Tickets kann man an Automaten (auch mit Kreditkarte), in Bussen (nur Bares) oder über die Smartphone-App »Mobilbilletter« (in Englisch) kaufen. Erwachsene dürfen zwei Kinder unter 12 Jahren mitnehmen.

Der **City Pass** gilt für 24 oder 72 Std. bei allen Fahrten in vier Zonen des Stadtgebiets (80 bzw. 200 DKK, ca. 11 bzw. 27 €). Kinder bis 17 Jahren erhalten 50 Prozent Ermäßigung. Den City Pass erhält man auch online als SMS-Ticket (www.citypass.dk/en).

Die **Copenhagen Card** ist für Stadtbesucher eine interessante Alternative. Sie schließt die kostenlose Beförderung in Bahn, Metro und Bus ein, gewährt darüber hinaus aber auch freien Eintritt zu 79 Sehenswürdigkeiten und Museen der Hauptstadtregion sowie Rabatte bei vielen anderen Attraktionen, Aktivitäten und in mehreren Restaurants. Sie kostet für 24, 48, 72 oder 120 Std. 395–893 DKK bzw. 53–120 €, Kinder zahlen etwa die Hälfte (www.copenhagencard.com).

BUSSE

Die A-Busse verkehren überwiegend im Stadtgebiet, die wichtigen Linien morgens und abends ungefähr alle 5 Min., sonst Tag und Nacht etwa alle 10 Min. Die S-Busse fahren 6–1 Uhr in der Rushhour etwa alle 5–10, sonst alle 20 Min. Sie sind schneller, weil sie weniger Haltestellen anfahren. Die N-Busse verkehren nur nachts 1–5 Uhr auf den Nachtlinien (www.rejseplanen.dk).

WASSERBUSSE

Die drei Wasserbuslinien 991, 992, 993 (www.rejseplanen.dk) durchqueren das Gebiet des Inneren Hafens und sind in den Verkehrsverbund von Kopenhagen integriert.

AUTO

Es ist nicht unmöglich in Kopenhagen zu parken, aber teuer. Je näher der Parkplatz zum Zentrum liegt, desto mehr kostet er. Das gesamte Stadtgebiet ist in vier Parkzonen aufgeteilt: Gelb, Blau, Grün, Rot. Dort betragen die Parkgebühren zwischen Montag und Freitag 8–18, Samstag bis 17 Uhr je nach Zone 9, 11, 19 bzw. 35 DKK/Std. Nachts gelten reduzierte Preise von 2–13 DKK/Std. Samstags nach 17 Uhr, sonn- und feiertags werden keine Gebühren verlangt. Zusätzlich gibt es mehrere große Parkhäuser, z. B. das Q-Park Vesterport, Nyropsgade 42, für 28 DKK/Std. oder 195 DKK/24 Std. nahe Bahnhof, Tivoli und Rathausplatz. Teurer ist das Parken ohne korrektes Ticket: Auch wenn nicht abgeschleppt wird, zahlt man schnell 70–100 € Strafe, die übrigens im jeweiligen Heimatland eingetrieben wird.

In Kopenhagen ein Auto zu mieten, ist kein Problem. Diverse Vermieter sind am Flughafen oder mit Stadtbüros vertreten, z. B.: **Europcar,** Gammel Kongevej 13A, Tel. 3355 9900, www.europcar.dk (Rabatt mit Copenhagen Card), **driveon.net,** Nyropsgade 6, Tel. 3393 0393, www.driveon.net, **Autorental,** Vermlandsgade 33, Tel. 7023 9370, www.bilbooking.dk (bieten gewartete Gebrauchtwagen an, Rabatt mit Copenhagen Card).

FAHRRAD

In der fahrradfreundlichen Stadt mit bislang 400 km ausgebauten Fahrradwegen kann man vielerorts Fahrräder leihen.

Die städtischen **Citybikes** (http://bycyklen.dk) kommen mit moderner Technik daher, mit einem eingebauten Tablet, das zur Navigation, als Infoquelle und zum Bezahlen dient. Bei der ersten Miete an einer der vielen Stationen muss man seine Daten samt Kreditkarteninformationen einmalig angeben. Dann kann es losgehen. Die Abgabe ist an jeder beliebigen anderen Station im Stadtgebiet möglich.

- **Baisikeli** ▮ F6 vermietet in Vesterbro reparierte und gewartete Secondhandräder aller Art ab 80 DKK/6 Std. Der Überschuss geht an Fahrradprojekte in Tansania, Ghana und Sierra Leone (Ingerslevsgade 80, Tel. 2670 0229, http://baisikeli.dk).
- **Copenhagen Bicycles** ▮ J4 vermietet am Nyhavn normale Fahrräder ab 90 DKK/3 Std., aber auch E-Bikes, und organisiert Fahrradtouren durch die Stadt (Nyhavn 44, Tel. 3543 0122, www.copenhagenbicycles.dk).
- **Donkey Republic** vermietet rund um die Uhr 3- oder 7-Gang-Fahrräder ab 100 DKK/Tag sowohl frei stehend als auch an festen Stationen verteilt über die Stadt. Um ein Leifahrrad zu finden und auszuschließen benötigt man die App (Njalsgade 21E, Tel. 8988 7227, www.donkey.bike).
- **Københavns Cykelbørs** ▮ G3 vermietet Raleigh und Nishiki Bikes, aber auch Kinderfahrräder ab 90 DKK/Tag. Wer ein Smartphone besitzt, kann eine GPS-geführte Stadttour buchen (Gothersgade 157, Tel. 3314 0717, www.cykelboersen.dk).

Verkehrsmittel Nummer eins in Kopenhagen ist das Fahrrad

VERSUCH'S MAL »HYGGE«

Am Øresund finden die Kopenhagener erholsame Ruhe statt Großstadthektik

URBAN UND SELBSTBESTIMMT

Astrid sitzt auf der Umrandung des Storchenbrunnens beim Amagertorv im Zentrum von Kopenhagen. Zur Mittagspause hat sie ein kunstvoll belegtes Smørrebrød aus dem Royal Smushi Cafe erstanden. Sie ist bester Laune, im Moment läuft alles gut bei der Zeitschrift, bei der sie angestellt ist, und außerdem scheint auch noch die Sonne. Mit Freunden trifft sich die Enddreißigerin gern in einem Café oder abends in einer Weinbar im Kødbyen-Quartier von Vesterbro. Dank des gut ausgestatteten und kostenlosen Kindergartenplatzes für ihre Tochter kann sie in Kopenhagen auch als alleinerziehende Mutter das Leben genießen. Mit dem Fahrrad braucht sie samt Kind kaum 20 Minuten bis zu den Dünen des tollen Amager

Strandes am Øresund. Die bevorzugte, recht entspannte Fortbewegungsart der Hauptstadtbewohner passt gut zu einem anderen Begriff, der immer wieder als typisch dänisch und als nicht direkt übersetzbar gilt. Die Rede ist von »Hygge« oft als »Gemütlichkeit« bezeichnet. »Hygge« gibt aber ein besonderes Lebensgefühl wieder. Für Astrid gehört das relaxte sommerliche Picknick mit Freunden im Park dazu, aber auch ein zufriedener Abend zu zweit mit Kerzenschein.

Es ist übrigens kein Wunder, dass Astrid und Kopenhagener Familien mit Kindern ganz selbstverständlich die komplette Palette der staatlichen und durch die recht hohen Steuern finanzierten Angebote für Kinderbetreuung in Anspruch nehmen. Ihr Arbeitsplatz stellt weder ein Risiko dar noch wird er dadurch gefährdet. Auch das gehört zur Hygge, dem Wohlbefinden, das sich beim Zusammensein mit zugeneigten Menschen einstellt.

- **Paté Paté**
  Für einen entspannten Abend.
  Slagterboderne 1 | 1716 København
  Tel. 3969 5557 | www.patepate.dk

BESTES VOM ACKER

Ich treffe Søren bei den Kopenhagener Torvehallerne, einem Platz mit zwei großen verglasten Markthallen zwischen Ørstedsparken und dem Botanischen Garten. »Ich habe gerade einige Stände mit frischem Gemüse versorgt«, erzählt er mir. Søren ist Landwirt und glücklicher Besitzer des 60 ha große Brogård Hof bei Gislinge, westlich der Hauptstadt. Er beliefert mit seinen Gemüsen und Kräutern die Spitzengastronomie in Kopenhagen. Und da die Tovehallerne auch keine gewöhnliche Markthalle, sondern ein *Super Markt* mit besten Produkten und kleinen Speisen ist, ist Søren hier regelmäßig zu finden. »Ja«, nimmt er meine Frage vorweg, »auch im Noma«, vor seiner kreativen Pause als bestes Restaurant der Welt ausgezeichnet, »bin ich ein und ausgegangen.«

Sein Hof auf Seeland liegt in dem vor vielen Jahrzehnten trockengelegten Lammefjord, mit nährstoffreichen, kalkhaltigen Böden und Sandschichten. Spargel wächst hier, der beste des Landes, und dazu weitere 150 Gemüsesorten, Kräuter und Gewürze. Søren zeigt auf frisch geerntete junge Knoblauchzwiebeln in seinem Kombi. »Die bringe ich gleich in ein Sternerestaurant.« Der in Nordseeland geborene agile Endfünfziger hat in seinem früheren Leben Mathematik studiert, klassische Gitarre gespielt und für dänische Institutionen Reisen nach Algerien und Tunesien organisiert. Experimentierfreudig ist er geblieben. Er entblättert eine Lauchstange und legt den Blütenstängel frei, der üblicherweise in den Abfall wandert. »Ganz köstlich, wie junger Spargel.« In einer Schale liegen noch grüne Mirabellen. »Eingekocht verwendet sie ein bekanntes Restaurant zum Säuern von Gerichten. Säuerlich und bitter ist angesagt in der nordischen Küche.« Gleiches gilt für den Zwergsauerampfer. Auch wilde Zwiebeln, die am Wegesrand wachsen, sind bei den Restaurants gefragt. »Vor allem die Sprossen unter der Erde haben einen besonders feinen Geschmack.«

Søren Wiuff hat noch einiges vor. Vor allem seit die nordische Küche im Aufschwung ist, rücken immer mehr die Produzenten der Nahrungsmittel ins Blickfeld. »Natürlich genieße ich diese neue Wertschätzung. Das ist anders als früher, als wir ausschließlich an die Großhändler lieferten«, erzählt er und fährt fort: »Die Natur hält so viel bereit an wunderbaren Gemüsen und Kräutern, die kaum bekannt sind.« Seine Mission, so scheint es, ist wohl noch lange nicht beendet.

- **Formel B**
  Für ein tolles kulinarisches Erlebnis.
  Vesterbrogade 182 | 1800 Frederiksberg
  Tel. 3325 1066 | https://formelb.dk

UNTERKUNFT

Kopenhagen ist überschaubar. Egal wo man wohnt, die Sehenswürdigkeiten liegen quasi vor der Tür. Viele Hotels zeigen maritimen Charme und dänisches Design. Luxus hat natürlich seinen Preis, hingegen kommt man in schlichteren Herbergen schon ab 80 Euro unter.

LUXURIÖS

71 Nyhavn Hotel €€€ 📱 J4
Charmante Unterkunft direkt am Nyhavn in zwei umgebauten Lagerhäusern des 18. Jhs. Die 150 Zimmer sind alle unterschiedlich geschnitten. Das Restaurant SEA by Kiin Kiin setzt südostasiatische Akzente.
• Nyhavn 71 | Indre By | Tel. 3343 6200
www.71nyhavnhotel.com

Nimb €€€ 📱 F5
Dezenter Luxus und Eleganz, jedenfalls von außen. Innen komfortable Zimmer und Suiten, mit besten Materialien eingerichtet. Die Rückseite zum Tivoli hin ist Teil des orientalischen Fantasiepalastes. Ausgezeichnete Restaurants.
• Bernstorffsgade 5 | Indre By
Tel. 8870 0000 | www.nimb.dk

MITTELKLASSE

AC Hotel Bella Sky €€−€€€
Über 800 Zimmer in zwei 23-stöckigen, zueinander verdrehten Hoteltürmen im Süden von Kopenhagen. Fitnesscenter und Spa. › mehr S. 16 Punkt **26**
• Center Boulevard 5 | Ørestad
Tel. 3247 3000
www.acbellaskycopenhagen.dk

Copenhagen Island Hotel €€−€€€ 📱 G6
Moderne Unterkunft direkt am Hafenkanal, WiFi, Fitness und Sauna kostenfrei. Das Einkaufszentrum Fisketorvet liegt nur einige Schritte entfernt.

• Kalvebod Brygge 53 | Vesterbro
Tel. 3338 9600
www.copenhagenisland.dk

Kong Artur €€−€€€ 📱 F3
Gepflegtes Boutiquehotel nur ein paar Schritte vom Peplinge Sø und von der Metro Station Nørreport entfernt.
• Nørre Søgade 11| Indre By
Tel. 3345 7700
www.kongarthur.dk

Ocean Hotel €€−€€€
Kleines, schnuckeliges Hotel in Kastrup südlich von Kopenhagen, aber nahe zur Ostsee. 6 Zimmer mit Bad, TV, Kaffee-, Teemaschine und Internetverbindung.
• Amager Strandvej 384 | Kastrup
Tel. 2727 0203
http://oceanhotel.dk

Radisson Blu Royal €€−€€€ 📱 F5
Die hohe gläserne Fassade gleich vis-à-vis vom Bahnhof reflektiert die Sonnenstrahlen. Innen dänisches Design und moderne Technik. Tolles Restaurant Alberto K in der 20. Etage mit Weitblick. › mehr S. 15 Punkt **22**
• Hammerichsgade 1 | Indre By
Tel. 3342 6000
www.radissonblu.com

Skt. Petri €€−€€€ 📱 G4
Elegantes Designhotel in einem umgebauten Kaufhaus bei der Vor Frue Kirke. Riesi-

Licht und luftig empfängt die Lobby des Designhotels Skt. Petri die Kopenhagenbesucher

ge Lobby mit angesagten Restaurants und Bars sowie Café im Innenhof.
- Krystalgade 22 | Indre By
  Tel. 3345 9100
  www.sktpetri.com

SP34 €€–€€€ 🚩 G4
Kleines Hotel mit 128 Zimmern im Latin Quarter nördlich des Rathausplatzes. Edle moderne Holzmöbel, zwei Restaurants, vier Bars und kleines privates Kino.
- Skt. Peders Stræde 34 | Indre By
  Tel. 3313 3000
  www.brochner-hotels.dk

The Square Copenhagen €€–€€€ 🚩 G5
Modernes dänisches Design ohne Schnickschnack am Rathausplatz.
- Rådhuspladsen 14 | Indre By
  Tel. 3338 1200
  www.thesquarecopenhagen.com

Absalon Hotel €€ 🚩 F6
Familiengeführtes Haus und modernes Design mitten im Szenequartier.

- Helgolandsgade 15 | Vesterbro
  Tel. 3331 4344
  www.absalon-hotel.dk

Copenhagen Strand €€ 🚩 J5
Gut geführtes Mittelklassehotel.
- Havnegade 37 | Indre By
  Tel. 3348 9900
  www.copenhagenstrand.dk

Gentofte Hotel €€
Modern ausgestattete Zimmer in einem restaurierten Gebäude aus dem 17. Jh. am nördlichen Stadtrand.
- Gentoftegade 29 | Gentofte
  Tel. 3968 0911
  www.gentoftehotel.dk

GÜNSTIG
Steel House Copenhagen €€ 🚩 F5
»Industrial Chic« gleich beim Skt. Jørgens Sø mit Bar, Café, Innenpool. WiFi kostenlos. 64 Doppel- und auch Mehrbettzimmer.
- Herholdtsgade 6 | Indre By | Tel. 3317 7110
  www.steelhousecopenhagen.com

CHARMANT ÜBERNACHTEN

- **Avenue Hotel** €€€ 🔖 E3
  Das intime Designhotel ist mit viel Geschmack eingerichtet. Im Sommer wird auf der Terrasse gefrühstückt, im Winter knistert in der Lounge ein Kamin.
  Åboulevarden 29
  Frederiksberg
  Tel. 3537 3111
  www.avenuehotel.dk
- **Central Hotel og Café** €€€ 🔖 E5
  Ein einziges, gemütliches Doppelzimmer über einem winzigen Café mit TV und WiFi. Exzellentes Frühstück inklusive.
  Tullinsgade 1 | Vesterbro
  Tel. 3321 0095
  www.centralhotelogcafe.dk
- **Copenhagen Admiral Hotel** €€–€€€ 🔖 J4
  In dem stilvoll umgebauten Speicher von 1787, direkt am Wasser, schlummert man unter einer historischen Bohlendecke.
  Toldbodgade 24–28 | Indre By
  Tel. 33 74 14 14
  www.admiralhotel.dk
- **Hotel Bethel** €€ 🔖 J4
  An der ruhigen Seite des Nyhavn in einem charmanten alten Backsteinbau, der früher als Seemannsheim diente. Es bietet trotz der Superlage moderate Preise. Frühstücksbüfett und WiFi sind im Zimmerpreis eingeschlossen.
  Nyhavn 22 | Indre By
  Tel. 33 13 03 70
  www.hotel-bethel.dk

Cabinn City €–€€ 🔖 G6
Modernes Budgethotel in zentraler Lage, nicht weit vom Tivoli entfernt, mit kostenfreiem WiFi, Doppelzimmer mit Kaffee- und Teekochern. Es sind auch preisgünstige Mehrbettzimmer vorhanden.
- Mitchellsgade 140
  Indre By | Tel. 3346 1616
  www.cabinn.com

Generator Hostel €–€€ 🔖 H4
Boutiqueherberge in zentraler Lage, 300 m von Kongens Nytorv entfernt. Doppel- und einige Mehrbettzimmer. Kostenloses WiFi, gutes Frühstück.
- Adelgade 5–7 | Indre By
  Tel. 7877 5400
  https://generatorhostels.com

Sct. Thomas €–€€ 🔖 E5
Gemütliches Hotel an der Grenze zu Frederiksberg. WiFi für Onlinebucher kostenlos. Exzellentes Frühstück.
- Frederiksberg Allé 7 | Vesterbro
  Tel. 3321 6464
  www.hotelsctthomas.dk

Wakeup Borgergade €–€€ 🔖 H4
Cooles Hotel mit 498 minimalistisch eingerichteten Zimmern zu Budgetpreisen, alle mit Bad, Flat-TV, Internetzugang.
- Borgergade 9 | Indre By
  Tel. 4480 0090
  www.wakeupcopenhagen.de

Wakeup Niebuhrs Gade €–€€ 🔖 G6
Von Kim Utzon entworfenes modernes Budgethotel in Tivolinähe mit 510 Zimmern und Fahrradverleih.
- Carsten Niebuhrs Gade 11
  Indre By
  Tel. 4480 0000
  www.wakeupcopenhagen.de

ESSEN & TRINKEN

Die skandinavische und vor allem die moderne nordische Küche in Kopenhagen ist weltweit ein Begriff. Längst bestimmen nicht mehr nur Pølser, die roten Hotdogwürstchen, und Smørrebrød, dick belegte Schwarzbrotschnitten, die kulinarischen Eindrücke des Dänemarkbesuchs.

Seit Jahren gehören die Köche der dänischen Hauptstadt in die europäische Spitzenliga. Furore machte die neue nordische Küche. Auch Smørrebrød in moderner Interpretation ist ein Genuss, junge Köche verschaffen dem alten »Butterbrot« ganz neue Attraktivität. Ohne Mühe findet man außerdem französische, italienische, japanische oder thailändische Restaurants.

Natürlich kann man im Geranium, dem 3-Sterne-Restaurant, viel Geld ausgeben. Geboten wird dafür aber auch Küchenkunst auf höchstem Niveau und eine Präsentation, die bühnenreif ist. Doch daneben gibt es in der Stadt viele Dutzend weitere Restaurants, Bistros und Cafés, die Kopenhagens Ruf als Gourmethauptstadt Nordeuropas jeden Tag aufs Neue festigen.

Kleine Kaffeeröstereien stehen in Kopenhagen hoch im Kurs. Das Kaffeetrinken logischerweise auch. Im Sommer sitzen die meisten draußen, im Winter ist es drinnen *hyggelig* warm.

GOURMET

AOC €€€ 🔲 H3

Das kleine Restaurant mit nur 40 Plätzen praktiziert die nordische Küche auf höchstem Niveau, z. B. mit Steckrübe und Apfelstiften. Perfektes Weinpairing.

- Dronningens Tværgade 2
  Indre By | Tel. 3311 1145
  www.restaurantaoc.dk
  Di–Sa 18.30–0.30 Uhr

Mielcke & Hurtigkarl €€€ 🔲 C5

Abendessen als Gesamtkunstwerk in einem Gebäude aus dem 16. Jh. im Schlosspark von Frederiksberg. Hier ist alles aufeinander abgestimmt. Die wechselnde Menükarte, Tischdekoration, Beleuchtung, Musik bis hin zum ungewöhnlichen Interieur der Toiletten.

- Frederiksberg Runddel 1
  Frederiksberg

Tel. 3834 8436 | www.mhcph.com
Di–Sa ab 18 Uhr

Relæ €€€ 🔲 D2

Unprätentiös und kreativ, dabei voller Aromen, so kocht Christian Puglisi mit großem Erfolg. Weiße Tischdecken sucht man hier vergebens, dafür gibt es den perfekt eingelegten Hering, vor allem aber beste Gemüse und Kräuter, alles bio und wunderbar zubereitet.

- Jægersborggade 41 | Nørrebro
  Tel. 3696 6609
  www.restaurant-relae.dk
  Di–Sa 17–24, Fr/Sa auch 12–15 Uhr

MITTLERE PREISLAGE

108 €€ 🔲 J5

Die Restaurantgründer und -eigner kennen sich aus der Kopenhagener Gastroszene und möchten gemeinsam für die kreative nordische Küche begeistern. Neben dem Restaurant gibt es noch die Kaffeebar The Corner, die mit kleiner, aber feiner Mittagskarte überzeugt.

- Strandgade 108 | Tel. 3296 3292
  Christianshavn | http://108.dk
  Restaurant tgl. 17–24 Uhr
  Café Mo–Fr ab 8 Sa/So ab 9 Uhr

Geist €€ 🚩 H4

Die Lage am Kongens Nytorv ist optimal, und Patron Bo Bech macht das Beste daraus, mit nordisch inspirierten Gerichten, die in der offenen Küche zubereitet werden. Palmkohl mit Spiegelei und grünem Klee oder Morcheln mit geschmortem Kalbschwanz gehören zu seinen ungewöhnlichen Kreationen.

- Kongens Nytorv 8 | Indre By
  Tel. 3313 3713 | www.restaurantgeist.dk
  Tgl. 18–1 Uhr

Kanalen €€ 🚩 J5

Einfaches, geschmackvolles Dekor mit viel Holz im früheren Zolllager. Eingelegte Heringe in vielen Variationen, aber auch

Lammrücken mit eingekochten Tomaten und Oliven. Im Sommer Terrassenplätze am Christianshavns Kanal.

- Wilders Plads 2 | Christianshavn
  Tel. 3295 1330
  www.restaurant-kanalen.dk
  Mo–Sa 11.30–24 Uhr

Kødbyens Fiskebar €€ 🚩 F6

Ausgezeichnete Fische und Krustentiere im (ehemaligen) Fleischgroßmarkt? Die entspannte Fischbar schafft diesen Spagat. Alles bestens zubereitet, von der Scholle bis zum Hummer. Abends kann man hier zuweilen Küchenchefs anderer Spitzenrestaurants auf einen Absacker treffen. > mehr S. 14 Punkt ⑰

- Flæsketorvet 100 | Vesterbro
  Tel. 3215 5656 | www.fiskebaren.dk
  Mo–Do 17.30–24, Fr/Sa 11.30–2,
  So 11.30–24 Uhr

Rebel €€ 🚩 H4

Eine Rebellion ist es zwar nicht, aber gute moderne Bistroküche zu moderaten Preisen. Lars Petersen und Martin Hylleborg

Das Royal Smushi Café vereint dänische und japanische Häppchenkultur

wollen ihren Gästen einen angenehmen Abend bereiten, ohne Steak mit schwerer Sauce béarnaise, eher mit geschmortem Tintenfisch, knusprigem Hähnchenfilet, Pilzschaum und Salbei.

- Store Kongensgade 52 | Indre By Tel. 3332 3209 | www.restaurantrebel.dk Di–Sa 17.30–24 Uhr

Sult €€ ◼ H4

Das Filmhuset, das dänische Filminstitut, ist auch wegen seines ausgezeichneten Restaurants und Cafés beliebt. Schnörkellos frische Küche mit einer guten Auswahl an Sandwiches und Salaten.

- Vognmagergade 8 B | Indre By Tel. 3374 3417 | www.restaurantsult.dk Di 9–16, Di–Fr 17–22, Sa 9–22, So 9.30–19 Uhr

GÜNSTIG

Cofoco € ◼ F6

Der Name steht für *Copenhagen Food Consulting,* eine Gruppe mit mehreren originellen Bistrorestaurants in Kopenhagen. Ein gutes 4-Gänge-Menü bekommt man schon für 36 €.

- Abel Cathrines Gade 7 | Vesterbro Tel. 3313 6060 | www.cofoco.dk Mo–Sa 17.30–24 Uhr

Hooked € ◼ E3

Alles frisch, lecker und das meiste aus der See. Knusprige Fish & Chips, Wraps, Backfisch mit Gemüse, sogar Hummerbrötchen.

- Nørrebrogade 59 | Nørrebro Tel. 3070 5922 | www.gethooked.dk Tgl. 12–21 Uhr

LêLê € ◼ E5

Günstiges vietnamesisches Streetfood wie Hühnersuppe mit Blattspinat in ungezwungener Atmosphäre.

DIE BESTEN SMØRREBRØD

- **Aamanns Etablissement** €–€€ ◼ G2 Pochiertes Ei auf Scholle, frittiertem Grünkohl und Sauce Hollandaise gehört zu Adam Aamanns Erfolgsrezepten für Smørrebrød. Øster Farimagsgade 12 Indre By | Tel. 3555 3344 www.aamanns.dk Mo–Fr 11–18, Sa 11–16.30, So 12–16.30 Uhr
- **Restaurant Schønnemann** €–€€ ◼ G4 Smørrebrød, Hering, ein gutes Bier und kalter Schnaps werden hier schon seit 1877 aufgetragen. Hauser Plads 16 | Indre By Tel. 3312 0785 www.restaurantschonnemann.dk Mo–Sa 11.30–17 Uhr
- **Royal Smushi Cafe** € ◼ H4 Im Hinterhof von Royal Kopenhagen werden leckere Smørrebrød im Sushiformat serviert. Amagertorv 6 | Indre By Tel. 3312 1122 www.royalsmushicafe.dk Mo–Sa 10–19, So 10–18 Uhr
- **Slotskælderen hos Gitte Kik** € ◼ H4 Klassisches Smørrebrød mit Hering, Eiern und Krabben schmeckt auch den Abgeordneten aus dem Parlament gegenüber. Fortunstræde 4 | Indre By Tel. 3311 1537 www.slotskaelderen.dk Di–Sa 10–17 Uhr

Beim Schlangestehen lässt sich in Ruhe überlegen, auf welches Eis die Wahl fällt

• Vesterbrogade 40 | Vesterbro
Tel. 5373 7373 | www.lele.dk
Mo–Do, So 17–22, Fr/Sa bis 22.30 Uhr

Palæo € E6

Die gesunde Steinzeitküche ist bei den Menschen von heute gefragt, weil sie kohlehydratarm, ohne Zuckerzusatz, aber mit vielen frischen Zutaten kocht.
• Skydebanegade 16 | Vesterbro
www.paparamen.dk
Di–Do, So 12–21, Fr/Sa bis 22 Uhr

Papa Ramen € E6

Die typische Nudelsuppe des Japaners wärmt Magen und Seele – und ist derzeit in Kopenhagen angesagt.
• Skydebanegade 16 | Vesterbro
Tel. 2897 9588 | www.paparamen.dk
Di–Do, So 12–21, Fr/Sa bis 22 Uhr

CAFÉS

Bang & Jensen € E6

Gemütlich, modern und stilvoll, das Café gehört inzwischen zu den Institutionen im angesagten Viertel Vesterbro.
• Istedgade 130 | Vesterbro

Tel. 3325 5318
www.bangogjensen.dk
Mo–Fr 7.30–2, Sa 10–2, So 10–24 Uhr

Europa € H4

An dem Platz mit dem Storchenbrunnen im Zentrum kommt jeder einmal vorbei. Und im Café gibt es guten Kaffee und Brunch bis 16 Uhr.
• Amagertorv 1 | Indre By
Tel. 3314 2889 | http://europa1989.dk
Mo–Sa 7.45–23, So 9–22 Uhr

Granola € E5

Der Loungebereich geht nach hinten raus und ist ruhig. Nostalgisches Ambiente mit einer historischen Kaffeemühle und Musik der 1950er-Jahre. Köstliches Frühstück, bester Kaffee.
• Værnedamsvej 5 | Frederiksberg
Tel. 3131 1536 | www.granola.dk
Mo–Fr 7–23, Sa 9–24, So 9–17 Uhr

The Log Lady Café € G4

Wer David Lynchs TV-Serie »Twin Peaks« liebt, fühlt sich in der schrillen Atmosphäre hier wie zu Hause. Guter Kaffee, leckerer

Kuchen und allerlei Biologisch-Organisches vervollkommnen das Angebot.

- Studiestræde 27 | Indre By
  Tel. 5030 6085
  www.theblogl.adycafe.blogspot.de
  Mi–Sa 15–23.30 Uhr

EISDIELEN

Bryggen 11 🔊 H6

Beim Freibad am Innenhafen werden Eiscreme und Sorbet in ungewöhnlichen Geschmacksrichtungen wie Mohnsamen oder Limonen-Brombeer-Estragon fabriziert.

- Islands Brygge 11 | Amager
  Tel. 3311 0201

Frederiksberg Chokolade 🔊 D5

Die Schokolade wird im Hause hergestellt, die köstliche Eiscreme natürlich auch. Während des Sommerhalbjahrs werden immer wieder neue Sorten kreiert. Neben Schokoladen- kommen hier auch mal Apfelkuchen- oder Biereis in die Tüte.

- Frederiksberg Allé 64
  Frederiksberg | Tel. 3322 3635
  www.frederiksbergchokolade.dk

Istid 🔊 D2

»Eiszeit« in Kopenhagen, im Sommer zumindest. Die meisten Zutaten stammen aus ökologischem Anbau, für Erwachsene stehen auch Cocktails auf der Karte. Das Eis wird übrigens mit flüssigem Stickstoff hergestellt – very cool.

- Jægersborggade 13
  Nørrebro
  Tel. 6131 1834 | www.istid.dk

Østerberg Ice Cream 🔊 H1

Hausgemacht und stadtbekannt: Cathrine Østerberg wird vor allem wegen ihrer ausgesprochen köstlichen Fruchteisvariationen geliebt.

- Rosenvængets Allé 7 C
  Østerbro | Tel. 6142 3289
  www.osterberg-ice.dk

💬 STEINZEITKÜCHE

Die Paleo-Küche hat sich in Kopenhagen aus einer kleinen Nische heraus entwickelt. Dahinter steht der Gedanke, dass reine Rohstoffe der Weg zu einem gesunden Körper sind, aber heutige Lebensmittel und Gerichte so hochgezüchtet und verarbeitet werden, dass sie dem Menschen nicht gut tun. Dei Steinzeitküche verzichtet auf Industriezucker und nimmt stattdessen Honig, vermeidet Getreide und die meisten Milchprodukte. Stattdessen werden vor allem Fleisch, Eier, Gemüse, Obst und Nüsse zu Gerichten verarbeitet. Alle Produkte werden ohne Konservierungsstoffe und Geschmacksverstärker hergestellt. In Paleo-Produkten findet man auch keine Stärke aus Getreide oder aus Bohnen. Alle Speisen sind gluten- und laktosefrei. Milch finden Gäste nur ausnahmsweise als Zutat für ihren Kaffee.

Neben eigenen Verkaufsständen und Imbissen, wie in Kopenhagens Torvehallerne, in der Pilestræde (Indre By), am Tuborg Havnevej in Hellerup, im Frederiksberg Centret in Frederiksberg, im Illum in der Østergade und dem Field's Copenhagen am Ørestadens Boulevard findet man Paleo-Produkte bereits in großen Filialen verschiedener Supermarktketten (www.palaeo.com).

💬 NEUE NORDISCHE KÜCHE

Nordische Küche ist Feinarbeit

Vor noch nicht allzu langer Zeit wusste niemand außerhalb Dänemarks etwas mit dem Begriff **New Nordic Cuisine** anzufangen.

Im Jahre 2003 eröffnete der junge Gastrounternehmer Claus Meyer zusammen mit dem dänischen Koch René Redzepi das Restaurant **Noma** im Nordatlantikhaus auf der dem Nyhavn gegenüberliegenden Seite des breiten Innenhafens. Nur skandinavische Lebensmittel sollten verarbeitet werden, von der wohlschmeckenden Lammefjord-Karotte aus Nordseeland bis zum saftigen Filetsteak vom Moschusochsen aus Grönland. Auch die Tester des Michelin wurden auf das ungewöhnliche neue Gourmetrestaurant aufmerksam, verliehen bald den ersten, kurz darauf den zweiten Stern.

Meyer und ein Dutzend gleich gesinnter skandinavischer Spitzenköche unterzeichneten im Jahr 2004 ein Manifest mit den Prinzipien des puristischen neuen Kochstils. Sie begründeten damit eine Bewegung, die sich rasch über alle Länder des europäischen Nordens verbreitete und neben den mediterranen und asiatischen Küchentraditionen einen neuen eigenen Akzent setzte. Krustentiere, Fische, traditionelle Gemüsesorten und nordische Kräuter kamen zu neuen kulinarischen Ehren. Das von Meyer und Redzepi begründete **Nordic Food Lab** entwickelt neue Zubereitungsmethoden, eine Gendatenbank dokumentiert alte Gemüse, Früchte und Kräuter, um sie für die Küche zu bewahren. Da ist es also nur konsequent, dass Redzepi, nach seiner Rückkehr aus der kreativen Pause, mit dem Noma jetzt den nächsten Schritt wagt und es daher 2018 nördlich von Christiania als Restaurant mit angeschlossener ökologischer Landwirtschaft neu eröffnete.

Das **Copenhagen Cooking & Food Festival** versucht im Sommer die nordische Küche allen Menschen auf der Straße näherzubringen. Und auch wenn sich nur ein Teil der Küchenchefs in Kopenhagen als Vertreter der »Ny Nordiske Køkken« begreift, ist ihr Einfluss doch enorm.

RECHTZEITIG RESERVIEREN!

- **Geranium** €€€
Anderswo gibt es im Fußballstadion Bratwürste, aber in der 8. Etage des Kopenhagener Stadions am Fælledparken residiert ein 3-Sterne-Restaurant. Rasmus Kofoed zelebriert nordische Küche auf höchstem Niveau, natürlich mit besten Zutaten und überraschenden Geschmackserlebnissen. Manchmal fordert es Mut, das Kunstwerk auf dem Teller schnöde zu zerstören.
Per Henrik Lings Allé 4 | Østerbro
Tel. 6996 0020 | www.geranium.dk
Mi–Sa 12–16 und 18.30–24 Uhr

- **Kadeau** €€€ ▌ J5
Der Kopenhagener Ableger des exquisiten Bornholmer Strandlokals sorgt in der Hauptstadt für Furore mit seiner sinnlichen nordischen Küche, die am liebsten Kräuter und andere Zutaten von der Ostseeinsel verarbeitet.

Wildersgade 10 A | Christianshavn
Tel. 3325 2223
www.kadeau.dk/kbh.php
Sa 12–16, Di–Sa 18.30–24 Uhr

- **Noma** €€€
Die Einrichtung ist schlicht, die Speisen sind puristisch. Auf den Tisch kommen Gerichte mit Zutaten aus Skandinavien. Nur beim Wein macht der Gralshüter der nordischen Küche eine Ausnahme. Die Speisekarte ändert sich mit den Jahreszeiten. Im Sommer bestimmen Gemüse, von Herbst bis Jahresende Fleisch, Waldbeeren, Nüsse und Pilze, ab Jahresanfang und im Frühling Meeresfrüchte über die Menüzusammenstellung.
Refsehalevej 96
Christianshavn
Tel. 3296 3297
www.noma.dk
Di–Sa 17–24 Uhr

- **Bror** €€–€€€ ▌ G4
Samuel Nutter und Victor Wågman sind zwar keine »Brüder« (Bror), haben aber als Souschefs Topf an Topf im Noma gearbeitet. Sie servieren delikate 5-Gänge-Menüs. Und für den kleinen Hunger gibt es das »LilleBROR Menu«.
Skt. Peders Stræde 24 A
Indre By | Tel. 2536 5181
www.restaurantbror.dk
Mi–So 17.30–24 Uhr

- **Spisehuset 56°** €€
Die Gäste wissen die gemütliche Atmosphäre und das rustikale Interieur in der Charlotte-Amalie-Bastion genauso zu schätzen wie die exzellenten saisonalen Gerichte.
Krudtløbsvej 8 | Christianshavn
Tel. 3116 3205
www.spisehuset56grader.dk
Mi–Sa 12–15.30, und 18–24,
So (»Smag på søndagen«) um 13 Uhr

SHOPPING

Wer durch die Straßen der Innenstadt bummelt, wird unweigerlich zum Window-Shopper. Kleine Boutiquen und Geschäfte bieten oft Originelles und Schönes. Und Kopenhagen kann nicht nur teuer. In einigen Factory-Outlets gibt es dänisches Design und Mode deutlich günstiger.

DESIGN

Dansk Møbelkunst

Dänisches Möbeldesign als Verbindung von Ästhetik, Kunsthandwerk und Gebrauchswert, mit einem Schwerpunkt auf dem Zeitraum von 1920 bis 1970, präsentiert Ole Høstbo in seinem Geschäft für die wirklich Interessierten. Die Verkaufsausstellung ähnelt der in einem Museum, mit originalen Lampen, Stühlen und Sofas von Poul Henningsen, Arne Jacobsen oder Finn Juhl.

- Aldersrogade 6 C
  Østerbro | Tel. 3332 3837
  www.dmk.dk
  Mo–Sa auf Anfrage

GåGrøn! 📖 D2

Einkaufen mit gutem Gewissen gegenüber der Umwelt. GåGrøn (sei grün) steht für nachhaltig produzierte und biologisch abbaubare Haushalts- und Geschenkartikel aus aller Welt.

- Jægersborggade 48 | Nørrebro
  Tel. 4245 0772 | www.gagron.dk
  Mo–Fr 11–17.30, Sa/So 11–15 Uhr

Hay 📖 H4

Möbel, darunter eine große Serie »About a chair«, Accessoires vom Terrazo-Stift bis zur Tablethülle, Vasen, Bettwäsche oder Küchenutensilien sind im Hay House zu finden. Das dänische Designerlabel orientiert sich an den großen Namen der klassischen Moderne, wie Hansen oder Jacobsen.
> mehr S. 18 Punkt ④

- Østergade 61 | Indre By
  Tel. 4282 0820
  www.hay.dk
  Mo–Fr 10–18, Sa 10–17 Uhr

Huset Paustian 📖 J1

Im Nordhavn werden Möbel und Interieur aktueller dänischer Architekten und Designer ausgestellt und verkauft, aber auch internationale Klassiker.

- Kalkbrænderiløbskaj 2 | Østerbro
  Tel. 3916 6565 | www.paustian.com
  Mo–Fr 11–18, Sa 10–16 Uhr

Normann Copenhagen 📖 H1

Normann Copenhagen wurde 1999 von Jan Andersen und Poul Madsen gegründet. Neben rund 40 eigenen Designs arbeitet Norman mit Partnern in mehreren Dutzend Ländern zusammen. Die Lampe Norm69, Cognacgläser ohne Fuß, eine Spülschüssel aus Gummi gehören zu den bekanntesten Produkten, die auch der in einem alten Kino untergebrachte Flagship-Store führt.
> mehr S. 17 Punkt ㉝

- Østerbrogade 70
  Østerbro | Tel. 3527 0540
  www.normann-copenhagen.com
  Mo–Fr 11–17.30, Sa 10–15 Uhr

KAUFHÄUSER

Illums Bolighus 📖 H4

Das große Sortiment an skandinavischem und internationalem Design ist beeindruckend. Hier gibt es Möbel, Lampen, Acces-

Schöne Ideen für den eigenen Haushalt liefert Normann Copenhagen mit seinen Designs

soires für Küche und Bad, dazu Geschirr und Gewebtes. > mehr S. 17 Punkt **34**
- Amagertorv 10 | Indre By
  Tel. 3314 1941 | www.illumsbolighus.dk
  Mo–Sa 10–19, So 11–18 Uhr

Magasin du Nord ▌ H4
Das führende Edelkaufhaus des Landes hat vor rund 150 Jahren als kleiner Laden für Stoffe angefangen. Heute werden im Hauptgeschäft auf sieben Stockwerken Mode, Kosmetik, Lebensmittel und Spielzeug verkauft, aber auch skandinavisches Design – von Geschirr, Vasen über Küchenartikel bis zu Einrichtung und Dekor für Schlaf- und Wohnzimmer.
- Kongens Nytorv 13 | Indre By
  Tel. 3311 4433 | www.magasin.dk
  Tgl. 10–20 Uhr

MODE
Baum und Pferdgarten ▌ H4
Ungewöhnlich und doch tragbar, in kontrastreicher Mischung von Exzentrik und Klassik, so charakterisieren internationale Modemagazine die Kollektionen der beiden dänischen Modedesignerinnen Rikke Baumgarten und Helle Hestehave.
- Vognmagergade 2 | Indre By
  Tel. 3530 1090
  www.baumundpferdgarten.com
  Mo–Fr 10–18, Sa 10–16 Uhr

Henrik Vibskov ▌ G4
Der Designer auf Ökokurs kleidet Damen und Herren von Kopf bis Fuß elegant und alltagstauglich ein, entwirft aber auch mal Tapeten und Opernkostüme oder tourt als Drummer.

• Krystalgade 6 | Indre By
Tel. 3314 6100
www.henrikvibskovboutique.com
Mo–Do 11–18, Fr 11–19, Sa 11–17 Uhr

Mads Nørgaard 📙 H4
Der dänische Modedesigner möchte, dass
die Menschen attraktiver, einfach sexy aus-
sehen. Deshalb entwirft er tragbare Mode,
viel mit Streifen, aber auch Jeans, Ja-
cketts, Blusen und Kleider. > **mehr S. 18
Punkt 39**
• Amagertorv 13–15 | Indre By
Tel. 3312 2428
www.madsnorgaard.dk
Mo–Do 10–18, Fr 10–19,
Sa 10–17 Uhr

Stine Goya 📙 H4
Das Label mit femininer Mode und ausge-
fallenen Farben wurde 2006 von der
gleichnamigen Modedesignerin gegründet.
• Gothersgade 58 | Indre By
Tel. 3217 1000 | www.stinegoya.com
Mo–Fr 11–18, Sa 11–16 Uhr

Wood Wood 📙 H4
Angesagtes junges Modelabel, das zunächst hippe T-Shirts verkaufte und heute
mit Marken wie Adidas, Rebook und Disney
kooperiert.
• Grønnegade 1 | Indre By
Tel. 3535 6264 | www.woodwood.dk
Mo–Fr 10–18, Sa 10–17, So 12–16 Uhr

OUTLETS
Acne Archive 📙 F3
Das internationale Modelabel betreibt ein
kleines Outlet an der Ecke von Elmegade
und Egegade.
• Elmegade 21 | Nørrebro
Tel. 3314 0028
www.acnestudios.com

Langelinie Outlet 📙 K1
Auf dem Kreuzfahrtpier Langelinie werden
diverse Marken, Sportschuhe, Outdoorklei-
dung, T-Shirts, Schmuck u.v.m. mit deutli-
chen Rabatten verkauft.
• Langelinie Allé 8 | Østerbro
Tel. 3543 4543
http://langelinie-outlet.dk

**Royal Copenhagen
Factory Outlet** 📙 B5
Seit 1775 wird das handbemalte Porzellan
in der Hauptstadt gefertigt. Zwei Stockwerke mit preislich günstigeren Angeboten,
auch Auslaufmodellen, warten auf Käufer.
> **mehr S. 18 Punkt 40**
• Søndre Fasanvej 9 | Frederiksberg
Tel. 3834 1004
www.royalcopenhagen.com

SÜSSES
Chokoladeparadis 📙 G4
Im Paradies der Patissière Camilla Said
wird gearbeitet. Und Kunden können sogar
dabei zusehen, wie aus Rohmaterialien luf-
tige Schokoküsse oder mit süßen und
fruchtigen Geheimnissen gefüllte Schokobonbons entstehen. Wie in der »guten alten Zeit«, ohne künstliche Beigaben und
Geschmacksverstärker.
• Rosengården 14 | Indre By
Tel. 3313 7373
www.chokoladeparadis.dk
Mo 11–17, Di–Fr 11–18, Sa 11–15 Uhr

Karamelleriet 📙 D2
Der kleine Laden in Nørrebro stellt seinen
Karamell selbst her und kreiert die er-
staunlichsten Kombinationen. Die klassischen harten Karamellbonbons gibt es in
vier Varianten (Kokos, Lakritz, Minze, Euka-
lyptus). Interessant wird es beim salzig-sü-
ßen Peanut Crunch oder bei den Dragerin-

ger, den weichen Karamellkugeln mit einer Fruchtfüllung und in diversen spannenden Geschmacksrichtungen. > mehr S. 15

Punkt ㉑

- Jægersborggade 36 | Nørrebro
  Tel. 7023 7777
  www.karamelleriet.dk
  Di–Fr 10–17.30, Sa 11–15 Uhr

Leckerbaer  G1

Das ist wirklich lecker! Täglich werden in der Backstube, in die man auch einen Blick werfen kann, verschiedene Kekse, Desserts oder Profiteroles gezaubert, die frisch im Shop verkauft werden. Jakob Mogensen und Gabi Bär Mogensen heißt das einfallsreiche Paar hinter den süßen Versuchungen. Beide haben in Gourmetrestaurants gelernt, verwöhnte Kunden zu beglücken. Die Kekse kann man zu heißer Schokolade oder einem frisch gebrühten Kaffee auch gleich vor Ort vernaschen. > mehr S. 17

Punkt ㊱

- Ryesgade 118 | Østerbro
  Tel. 2840 4864 | www.leckerbaer.dk
  Di–Fr 10–17.30, Sa 10–16 Uhr

Peter Beier Chokolade  G4

Seit 1996 kreiert Peter Beier Schokoladen und Pralinen, Schokobonbons mit Pflaume oder Schokotrüffel mit Kakaostaub, den er von seiner Plantage in der Dominikanischen Republik bezieht.

- Skoubogade 1 | Indre By
  Tel. 3393 0717
  www.peterbeierchokolade.dk
  Mo–Do 10–18, Fr 10–19,
  Sa 10–17 Uhr

Summerbird  H4

Süße Köstlichkeiten seit 15 Jahren. Der aus Marzipan gefertigte und mit dunkler Schokolade überzogene Umriss eines Schmetterlings ist das Markenzeichen der Chocolaterie. Mandeln aus Valencia werden hier mit Puderzucker zu feinstem Marzipan vermengt. Die frische Rohschokolade stammt von Valrhôna. Köstlich auch die schokoladenummantelten Himbeeren aus dem Elsass und Pfirsiche aus der Gascogne.

- Kronprinsensgade 11 | Indre By
  Tel. 3393 8040 | https://summerbird.dk
  Mo–Do 11–18, Fr 10–18, Sa 10–16 Uhr

Im Royal Copenhagen Factory Outlet findet jeder sein Porzellanschüsselchen

AM ABEND

Tanzen bis in den Morgen, ein frisch gezapftes Bier oder quietschbunte Cocktails. Außerdem Konzerte, Kino, Theater und Oper. Freunde hoher Kultur, Alternative, Hipster oder Altrocker – alle finden ihren Spaß.

Für Informationen über Veranstaltungen und Ticketbuchungen nutzt man am besten www.billetnet.dk (englisch) oder www.billetten.dk (dänisch) mit einem Büro in der Gammel Kongevej 60. Die englischsprachige Zeitung »Copenhagen Post« informiert online (www.cphpost.dk), oder man kauft sie am Kiosk.

BARS

1656 ◼ F6
Große Auswahl an innovativen Cocktails und Klassikern. Nur die Einrichtung in dunklem Leder ist traditionell.
- Gasværksvej 33 | Vesterbro
  www.facebook.com/1656cocktailbar

Kassen ◼ F3
Besonders freitags klingelt die »Kasse«: kein Wunder bei einer Happy Hour bis 22 Uhr (zwei Drinks zum Preis von einem). Auch sonst sind die Preise zivil.
- Nørrebrogade 18 | Nørrebro
  Tel. 4257 2200 | www.kassen.dk
  So–Di geschl.

K Bar ◼ H5
Die beste Adresse in der Stadt für Martinis, dank Kirsten Holm, nach der die Bar benannt ist und die es zur Martini-Meisterschaft gebracht hat. Natürlich mixen die Bartender auch andere Cocktails.
- Ved Stranden 20 | Indre By
  Tel. 3391 9222 | www.k-bar.dk
  So geschl.

Auch am Strøget gibt es Möglichkeiten zum Ausgehen

Kølsters Tolv Haner ◾ E3

Nette Brauerei und Bar in mit schönen Außenplätzen. Ausgeschenkt werden außer
Bier Cider und Most, dazu gibt es Snacks –
100 Prozent bio.
• Rantzausgade 56 | Nørrebro
  Tel. 3220 9484
  www.facebook.com/tolvhane

Ravnsborg Vinbar ◾ F3

Gute Weine, auch glasweise, kleine Snacks
oder dänisch-mediterrane Köstlichkeiten,
dazu eine gemütliche Atmosphäre gleich
um die Ecke vom Sankt Hans Torv, mitten
im alternativ angehauchten Viertel.
• Ravnsborggade 19 | Nørrebro
  Tel. 3539 3910 | www.vinstuerne.dk

Terroiristen ◾ D2

Wem sein Glas Wein aus dem großen Angebot von Bioweinen an der Bar geschmeckt
hat, kann zum Außer-Haus-Preis eine ganze Flasche erwerben. Zum Essen gibt es
Kleinigkeiten, z. B. Tapas oder Tiramisu.
• Jægersborggade 52 | Nørrebro
  Tel. 3690 6040 | www.terroiristen.dk
  So–Di geschl.

The Barking Dog ◾ F3

Ein Tipp für Liebhaber leiser Hintergrund-
musik und schnellem Service.
• Sankt Hans Gade 19 | Nørrebro
  Tel. 3536 1600 | www.thebarkingdog.dk

The Bird & The Churchkey ◾ H5

Die klassische Ausgehmeile am Slotsholmen Kanal lockt noch immer, hier mit 83
Gin- und 57 Biersorten. Besonders stilvoll
und gemütlich sitzt man in den Ledersesseln.
Happy Hour 16–20 Uhr.
• Gammel Strand 44 | Indre By
  http://thebird.dk
  So geschl.

Vela Bar ◾ F6

Hier heißen die Cocktails Pink Pussy, Wild
Wet Woman, oder Lesbian Lick, denn Vela
ist eine lesbische Bar. Außerdem werden
Cider und Bier ausgeschenkt, man tanzt
und macht Party.
• Viktoriagade 2–4 | Vesterbro
  www.velagayclub.dk
  Do 21–2, Fr–Sa bis 5 Uhr

JAZZ

Jazzhus Montmartre ◾ H4

Der Klassiker unter den Jazzklubs in Kopenhagen, einer europäischen Jazzmetro-
pole. Konzerte beginnen um 20 Uhr.
• Store Regnegade 19 A | Indre By
  Tel. (Tickets) 7026 3267
  www.jazzhusmontmartre.dk
  Mi–Sa 17.30–23.30 Uhr

La Fontaine ◾ G5

Internationale und lokale Musiker spielen
an den Wochenenden, dazu gibt es unre-
gelmäßig Jam Sessions, häufig mit bekannten Jazzgrößen.
• Kompagnistræde 11
  Indre By | Tel. 3311 6098
  www.lafontaine.dk

KLUBS

Bakken ◾ G6

Partytime im alten Schlachthofviertel Kødbyen. Beim legendären Donnerstagsklub
füllen sich Halle und Hinterhof schnell mit
studentischem Publikum. Für Stärkung
sorgt El Barrio mit Burgern und Burritos.
• Flæsketorvet 19–21 | Vesterbro
  http://bakkenkbh.dk
  So–Mi geschl.

Culture Box ◾ H3

Das Wochenende erkennt man an den
Schlangen vor dem Eingang. In der White

Box ist die Bar zu Hause, die Red Box wird zum Chillen bevorzugt, in der Black Box geht es mit lokalen und internationalen Künstlern der Electronica-, House- und Technoszene zur Sache.

- Kronprinsessegade 54 | Indre By
  Tel. 3332 5050 | www.culture-box.com
  So–Do geschl.

Huset-KBH 🔳 G5

Das Kulturzentrum ist eine Institution in Kopenhagen. Es gibt sieben Bühnen für Musik, Theater, Kino und alternative Kunst. Ansonsten amüsiert man sich im Bastard Café bei Brett- oder Kartenspielen.

- Rådhusstræde 13 | Indre By
  Tel. 2151 2151 | http://huset-kbh.dk

Jolene 🔳 F6

Industriecharme und Groove im Szeneviertel Kødbyen, gute Longdrinks und DJs, die die Stimmung anheizen.

- Flæsketorvet 81 | Vesterbro
  www.facebook.com/JoleneBar
  So–Mi geschl.

Loppen 🔳 K5

Angesagte, kollektiv organisierte Location für Livekonzerte in Christiania. Punk, Alternative Rock, Reggae und Hip-Hop im Ambiente der 1970er-Jahre.

- Sydområdet 4B | Christiania
  http://loppen.dk

Operaen 🔳 K5

In einem Backsteinbau spielen am Wochenende Bands oder ein DJ legt auf. Wer sich nicht auf der sternförmigen Tanzfläche austobt, findet vielleicht Platz auf einem der Sofas und Sessel.

- Bådsmandsstræde 43 (Pusherstreet)
  Christiania | www.christiania.org
  Mo–Mi geschl.

Rust 🔳 F2

Das Rust in Nørrebro beglückt vorwiegend die Freunde von Indie Rock, Pop, Hip-Hop und Electronica.

- Guldbergsgade 8 | Nørrebro
  Tel. 3524 5200 | www.rust.dk
  So–Do geschl.

Sigurdsgade 🔳 E1

Partys mit Discokugel, Chill-Outs und Konzerte, außerdem Tropical Bar am Rand von Nørrebro.

- Nørrebrogade 184 | Nørrebro
  Tel. 3585 8700
  So–Mi geschl.

THEATER UND OPER

Det Kongelige Teater – Gamle Scene 🔳 H4

Bereits seit 1748 steht das Königliche Theater mit seiner »Alten Bühne« am Kongens Nytorv. Die Theaterstücke werden fast ausschließlich in Dänisch aufgeführt, die meist bejubelten Ballettabende sind für Dänischunkundige einfacher zu verfolgen.

- Kongens Nytorv 9 | Indre By
  Tel. 3369 6933
  Tel. (Tickets) 3369 6969
  www.kglteater.dk

Operahus 🔳 K4

Das aufwendig gestaltete Königliche Opernhaus erhebt sich mit seiner gewaltigen Glasfassade und dem freitragenden Vordach auf der Insel Holmen am östlichen Ufer des Innenhafens. Die Opern und Ballettvorführungen auf der Hauptbühne können 1400 Zuschauer verfolgen.

- Ekvipagemestervej 10
  Christianshavn
  Tel. 3369 6933
  Tel. (Tickets) 3369 6969
  www.kglteater.dk

Wahrhaft majestätisch erscheint das Königliche Opernhaus am Innenhafen

Skuespilhuset J4

Das Schauspielhaus steht mit seiner überkragenden Glasfassade direkt am Innenhafen, schräg gegenüber der Oper. Die drei Bühnen im Haus fassen zusammen 1000 Besucher. Die Theaterstücke werden auch hier fast nur in Dänisch aufgeführt. Aber auch wer kein Ticket hat, kann im Ophelia Restaurant oder an der Cocktailbar den Blick über das Wasser genießen.

- Sankt Annæ Plads 36 | Indre By
  Tel. 3369 6933
  Tel. (Tickets) 3369 6969
  www.kglteater.dk

KINO

Filmhuset & Cinemateket H4

Kopenhagen erfreut sich einer besonders lebendigen Filmszene, die Kinos zeigen meist Originalfassungen mit dänischen Untertiteln, sodass man keine Dänischkenntnisse benötigt. Im Gebäude des Dänischen Filminstituts gibt es neben einem Kino mit einem ambitionierten Programm dänischer und internationaler Filme, eine Videothek,

ein Studio, eine Bücherei und einen Buchladen, Restaurant und Café.

- Gothersgade 55 | Indre By
  Tel. 3374 3400 | www.dfi.dk

Grand Teatret G5

Alter Backsteinbau von 1923, in dem auch Autoren- und Arthausfilme laufen. Gute Café-Bar für gesellige Diskussionen davor oder danach.

- Mikkel Bryggers Gade 8 | Indre By
  Tel. 3315 1611 | www.grandteatret.dk

Vester Vov Vov E6

Vor über 40 Jahren von Filmenthusiasten gegründet, zeigt das Kino vorwiegend Filme, die nicht in den Multiplexkinos zu sehen sind. Wenn die Blockbuster dort nicht mehr laufen, werden sie gelegentlich hier gezeigt. Ein besonderer Service für ausländische Gäste: Häufig werden auch dänische Filme mit englischen Untertiteln gezeigt.

- Absalonsgade 5 | Vesterbro
  Tel. 3324 4200
  www.vestervovvov.dk

Mit Picknickkorb und Fahrrad genießen junge Kopenhagener die lang andauernde, sommerliche Abenddämmerung am Sydhavnen-Kanal

LAND & LEUTE

STECKBRIEF

- **Fläche:** 86,20 km²
- **Geografische Lage:** 55° 41° nördlicher Breite (wie Moskau), 12° 35° östlicher Länge (wie Salzburg)
- **Einwohnerzahl:** 603 000 (Provinz Kopenhagen 783 000, Großraum 2,2 Mio.)
- **Bevölkerung:** überwiegend Dänen, Minderheiten ca. 5 %, vor allem Pakistani und Türken
- **Bevölkerungsdichte:** 6989 je km²
- **Sprache:** Dänisch
- **Partnerstädte:** Malmö, Berlin, Paris, Seoul, Peking, Marseille
- **Verwaltung:** 10 Stadtbezirke, selbstständige Gemeinde Frederiksberg

- **Religion:** ca. 80 % evangelisch-lutherisch (Dänische Volkskirche), 3 % muslimisch, 0,6 % katholisch
- **Landesvorwahl:** 0045
- **Währung:** Dänische Krone (DKK)
- **Zeitzone:** Mitteleuropäische Zeit (MEZ)

LAGE UND LANDSCHAFT

Die Hauptstadt des Königreiches Dänemark liegt an der Küste des Öresunds ganz im Osten des Landes. Der größere, nordwestliche Teil der Stadt breitet sich auf der Insel Seeland aus. Kleinere Teile der Hauptstadt befinden sich südlich des Innenhafens auf dem nördlichen Teil von Amager und anderen kleineren Eilanden. Frederiksberg liegt wie eine Insel mitten im Stadtgebiet, ist kein Stadtbezirk, sondern eine unabhängige Gemeinde. Zum Großraum Kopenhagen werden zusätzlich diverse Vororte im Westen und Norden gezählt. Die Stadt gehört wie die schwedischen Städte am Öresund zur Öresundregion, die durch den Bau der Öresundbrücke noch enger zusammengewachsen sind. Die Region ist durch die Eiszeit eingeebnet, allein im Norden und Westen gibt es einige bis zu 50 m hohe Moränenhügel. Unter etwa 15 tieferen Erdschichten lagert eine starke, rund 60 Mio. Jahre alte Kreidekalksteinschicht.

STAAT UND POLITIK

Als Hauptstadt Dänemarks ist Kopenhagen auch Sitz des Landesparlaments, des Ministerpräsidenten und seines Ministerrats, des Obersten Gerichts und Residenz der Königin als Staatsoberhaupt. Sitz des 55-köpfigen Stadtrats, der Stadtregierung und des Bürgermeisters von Kopenhagen ist das Rathaus. Die Abgeordneten werden für eine Amtszeit von vier Jahren gewählt. Aktuell haben die Sozialdemokraten als stärkste Partei 16 Sitze im Stadtrat, gefolgt von der rot-grünen Allianz, einem Zusammenschluss linker Parteien und verschiedener Initiativen, mit elf Sitzen, der Venstre, eine konservativ-liberale Partei, mit sieben, der Radikale Venstre, eine sozialliberale Partei, mit sechs, und der Dansk Folkeparti, eine rechtspopulistische Partei, mit vier Abgeordneten.

Die Stadt gliedert sich in zehn Verwaltungsdistrikte *(bydele)*: Indre By, Østerbro, Nørrebro, Vesterbro, Valby, Vanløse, Brønshøj-Husum, Bispebjerg, Amager Øst und Amager Vest.

EINWOHNERENTWICKLUNG

Im Ballungsraum der Hauptstadt leben rund 2,2 Mio. Menschen, also wohnt hier etwa jeder dritte Däne. Rund 200 000 der Kopenhagener sind Ausländer. Doch die Stadt fing klein an: Um 1450, Kopenhagen war gerade Hauptstadt geworden, zählte die Kapitale gerade mal 5000 Einwohner. Als 200 Jahre später der baufreudige König Christian IV. starb, waren es mit rund 30 000 schon sechs Mal so viel. Hamburg hatte in dieser Zeit etwa 20 000 Einwohner. Um 1950 zählte man fast 800 000, vor allem bedingt durch die Industrialisierung, Zuzüge vom Land und den medizinischen Fortschritt. Viele Kopenhagener haben ihren Wohnsitz inzwischen an die Peripherie der Stadt verlegt, sodass

sie aus der Statistik der Stadtverwaltung verschwunden sind, aber bei der Provinz oder im Großraum Kopenhagen wieder auftauchen.

WIRTSCHAFT

Dienstleistungsbetriebe und der öffentliche Dienst für Stadt und Land machen den wichtigsten Teil der Wirtschaftsstruktur aus. Auch der Tourismus spielt eine große Rolle für Arbeitsplätze und Infrastruktur. Hinzu kommen internationale Unternehmen wie die Brauerei Carlsberg, die ihr Bier allerdings nicht mehr in Kopenhagen, sondern in Fredericia braut, und die weltgrößte Containerreederei A. P. Møller-Mærsk. Der Pharmakonzern Novo Nordisk steht stellvertretend für die wachsende Zahl von mittelständischen Unternehmen im IT- und Life-Science-Bereich. Zudem hat sich Kopenhagen zu einem Verkehrsdrehkreuz für Skandinavien entwickelt, verstärkt durch den Bau der Öresundbrücke.

Öresundbrücke im Winter

GRÜNES KOPENHAGEN

Bei »Lille Irma« in der Østerbrogade vis-à-vis vom Sortedams Sø herrscht Gedränge. Der Ableger der ältesten Supermarktkette Dänemarks bietet in gepflegtem skandinavischen Ambiente Früchte und Gemüse, frische Backwaren, Wein oder Kaffee an, aber ausschließlich nachhaltig erzeugte Bioprodukte. Die Nachfrage stimmt. Auch Gro Spiseri, das Restaurant auf dem Dach eines Gewerbehauses in Østerbro, ist Abend für Abend ausgebucht. Der Clou: Das Gewächshaus, in dem serviert wird, ist umgeben von einem 800 m² großen Dachgarten, auf dem Gemüse und Kräuter für das köstliche Biomenü wachsen (Æbeløgade 4, www.grospiseri.dk).

DER UMWELT ZULIEBE

In Kopenhagen, Europas Umwelthauptstadt 2014, steht die Ampel nach wie vor auf Grün. Der städtische Klimaplan setzt bei Verbrauch und Produktion von Energie sowie bei der Mobilität an. Der Energieverbrauch für Gebäude, die immerhin zwei Drittel des Kopenhagener CO_2-Ausstoßes verursachen, soll durch bessere Wärmedämmung und Energieeffizienz drastisch gesenkt werden. Geplant ist, bei der Grundsanierung alter Gebäude ein Drittel des bisherigen Stromverbrauchs einzusparen. Strom- und Fernheizversorgung bauen in erster Linie auf Windenergie, Biomasse, Geothermie und Abfallverwertung auf. Im Innenhafen, der mitten in Kopenhagen die Insel Seeland im Norden von Amager im Süden trennt, kann inzwischen wieder gebadet werden, das ist auch ein Erfolg der Müllvermeidung.

COPENHAGENIZATION

Und die Neigung der Hauptstädter bei jedem Wetter auf bestens ausgebauten Wegen mit dem Fahrrad unterwegs zu sein, hat für internationale Stadtplaner längst Modellcharakter. Dieser wurde im Englischen bereits mit dem vielsagenden Begriff »Copenhagenization« geadelt. Mehr als die Hälfte der Berufstätigen, Studenten oder Schüler pendelt täglich mit dem eigenen Fahrrad von zu Hause zur Schule, Universität, Sport- und Arbeitsstätte und zurück. Möglich wurde das u. a. durch zwei Dutzend »Cycelsuperstier«, blau eingefärbte breite Radschnellwege mit besonderem Belag und eigenem Ampelsystem. Dazu kommen zahlreiche Fußgänger- und Fahrradbrücken, wie die Circelbroen von Olafur Eliasson › S. 110 oder die Dreifachbrücke des Österreichers Dietmar Feichtinger über den Christianshavns Kanal. Wer als Besucher in der Stadt ist, wird schnell feststellen, wie stressfrei man per Leihfahrrad in der Stadt unterwegs sein kann.

BIOKOST

Auch viele Restaurants setzen inzwischen auf Nachhaltigkeit und organisch produzierte Lebensmittel. Beispiele reichen vom Sternerestaurant Geranium im Fußballstadion Fælledparken › S. 41 bis zum Hotdog-Stand »Den Økologiske Pølsemand« H4 an der Heiliggeistkirche, Ecke Strøget (www.doep.dk). › mehr S. 14 Punkt **⓭**

ÖKOLOGISCH WERTVOLL

Bei den Hotels in Kopenhagen erwies sich ein Ökozertifikat als verkaufsfördernd. Inzwischen betten 70 Prozent der Stadtbesucher ihr Haupt in Unterkünften, die mit einem »Grünen Schlüssel« an der Eingangstür werben. Das Avenue Hotel in Frederiksberg › S. 34 darf sich sogar als karbonneutrales Hotel bezeichnen. Dem Radisson Blu › S. 32 vis-à-vis vom Hauptbahnhof gelingt es seit mehreren Jahren den Energieverbrauch zu senken, seit 2007 hat es seinen Wasserverbrauch um mehr als ein Viertel reduziert. Und die Scandic Hotel Gruppe, die immerhin acht Häuser im Raum Kopenhagen betreibt, arbeitet fleißig daran, im Jahr 2025 komplett kohlenstoffneutral dazustehen.

WEG ZUR KLIMANEUTRALITÄT

Auch die Stadtverwaltung steuert ehrgeizige Ziele an: Man fördert Unternehmenspartnerschaften, die gleichzeitig Wachstum und Umweltschutz generieren, finanziert neue Grünflächen und »Pocket Parks«, damit jeder Bürger Kopenhagens in nur 10 Min. zu Fuß ins Grüne gelangen kann, und treibt den Metrobau voran. Neben den jetzigen Linien M1 und M2 soll im Juli 2019 der Cityringen (M3) ums Zentrum eröffnen, die neue Linie (M4) von Ny Elleberg bis Orientkaj ist für 2022 geplant.

Wenn Kopenhagen so weitermacht, könnte tatsächlich gelingen, die dänische Metropole bis ins Jahr 2025 zur weltweit ersten klimaneutralen Hauptstadt umzuwandeln.

Eigene Ampeln, eigene Radschnellwege

GESCHICHTE IM ÜBERBLICK

Etwa 11500 v. Chr. Prähistorische Funde bei Bromme auf Seeland bezeugen ein Lager steinzeitlicher Jäger und Sammler.

800–1100 Auf Seeland entstehen mehrere Wikingersiedlungen, u. a. bei Trelleborg oder Roskilde.

11. Jh. Ergiebige Heringsgründe fördern die Ansiedlung am Öresund.

1176 Papst Urban III. bestätigt die Schenkung eines Gebiets mit Burg, Hafen und Siedlung am Öresund von König Waldemar I. an Absalon, Bischof von Roskilde und Erzbischof von Lund. Das Fischerdorf entwickelt sich dank günstiger Lage zum erfolgreichen Handelsplatz.

1249 Bei einem Angriff der Hansestadt Lübeck wird die Burg zerstört.

1254 Bischof Jakob Erlandsen verleiht Købmannæhavn (Hafen der Kaufleute) das Stadtrecht.

1259 Das Heer des Slawenfürsten Jaromar von Rügen zerstört die Stadt.

1362/1368 Im zweiten Waldemarkrieg plündert die Hanse Stadt und Hafen.

1416 Kopenhagen wird Königsresidenz von Erik VII., der die Stadt mit Privilegien ausstattet. Er lässt Købnhavn Slot erbauen, an dessen Stelle heute Christiansborg steht.

1443 Unter Christoph III. wird Kopenhagen dänische Hauptstadt und löst damit Roskilde ab.

1448 Krönung von Christian I. zum ersten König von Dänemark, Schweden und Norwegen.

1479 König Christian I. gründet die Kopenhagener Universität.

1536 Die Reformation siegt in Kopenhagen. Christian III. löst nach der Belagerung Kopenhagens den katholischen König Christian II. ab und macht den Protestantismus zur Staatsreligion. Der Bischofssitz wird von Roskilde nach Kopenhagen verlegt.

1546 Erstmals bricht in Kopenhagen die Pest aus.

1588 Nach dem Tod seines Vaters folgt mit nur elf Jahren Christian IV. (1577–1648), der aber bis zu seiner Krönung 1596 unter der Regentschaft des Thronrates steht. Er regiert 59 Jahre lang, und damit länger als jeder andere Monarch in Skandinavien. Während seiner Herrschaft entstehen das Stadtquartier Christianshavn und einige prachtvolle Renaissancebauten wie die Börse, das Schloss Rosenborg oder der Rundturm.

1658/59 Erfolglose Belagerung der Stadt durch die Schweden.

1665 Die unter Frederik III. eingebrachte »Lex Regia« dokumentiert die Ablösung des dänischen Wahlkönigtums zugunsten einer Erbmonarchie mit dem Anspruch absoluter Herrschaft.

1711 Die Pest rafft ein Drittel der 65000 Einwohner dahin.

1728 Ein Stadtbrand zerstört fast ein Drittel der Stadt.

1745 Schloss Christiansborg und Prinsens Palæ werden errrichtet.

1748 Das Königliche Theater am Kongens Nytorv eröffnet. Schloss Amalienborg wird erbaut.

1772 Der königliche Leibarzt und spätere geheime Kabinettsminister Struensee wird hingerichtet, weil er versucht hatte, die absolutistische dänische Monarchie im Sinne der Aufklärung zu verändern.

1795 Ein zweiter großer Stadtbrand zerstört über 900 Gebäude.

1801 Die britische Flotte unter Vizeadmiral Horatio Nelson vernichtet die dänisch-norwegische Flotte nahe Kopenhagen.

1807 Britische Kriegsschiffe beschießen Kopenhagen, da Dänemark sich nicht gegen Napoleon stellen möchte. Der zweite Angriff, bei dem auch Phosphorgranaten eingesetzt werden, löst einen verheerenden Großbrand aus.

1813 Dänemark gehört auf der Seite Frankreichs zu den Verlierern der Napoleonischen Kriege und muss in der Folge den Staatsbankrott erklären. Im Kieler Frieden muss es Norwegen an Schweden abtreten. Außerdem gerät der Hafen von Kopenhagen gegenüber den Konkurrenten, wie Hamburg, ins Hintertreffen.

1848 Demonstrationen zwingen Frederik VII. zu Reformen und zu einem bürgerlichen Grundgesetz, das die absolutistische durch eine konstitutionelle Monarchie ersetzt, die Macht des Adels einschränkt und ein Zweikammerparlament mit Ober- und Unterhaus einsetzt.

1853 Wegen schlechter hygienischer Verhältnisse bricht in Kopenhagen eine Choleraepidemie aus, die fast 5000 Opfer fordert.

1864 Durch die Niederlage im Deutsch-Dänischen Krieg verlieren die Dänen Schleswig-Holstein. Viele deutschsprachige Verwaltungsbeamte verlassen Kopenhagen.

1868 In Kopenhagen werden die Stadtmauern abgerissen.

1871 Die zunehmende Industrialisierung führt zur Gründung der Sozialdemokratischen Partei und der Gewerkschaften.

💬 JOHANN FRIEDRICH STRUENSEE

Der 1737 geborene Struensee stammt aus einer Familie von Medizinern und Pfarrern. Schon mit 20 Jahren arbeitet er als Armenarzt im damals dänischen Altona (heute Teil von Hamburg). Bei seinen Behandlungen ist er mit frischer Luft, verbesserter Hygiene und Pockenimpfung erfolgreich. Als Leibarzt begleitet er den psychisch labilen und an einer unbekannten Geisteskrankheit leidenden dänischen König Christian VII. auf einer Europareise. Er wächst schnell in eine Beraterrolle für den Monarchen hinein und übernimmt bald die Macht am Hofe. Seine radikal eingeführten Reformen, wie Presse- und Meinungsfreiheit, sollen Dänemark im Sinne der Aufklärung verändern. Persönlich nicht unkompliziert, macht er sich jedoch viele Feinde. Zum Verhängnis wird ihm sein Liebesverhältnis zur Königin Caroline Mathilde, das die politischen Widersacher ausnutzen, um ihn wegen Hochverrats anzuklagen. Am 28. April 1772 wird er in Kopenhagen hingerichtet.

1914 Dänemark bleibt im Ersten Weltkrieg neutral.

1915 Eine neue Verfassung sichert das allgemeine Wahlrecht für Männer und Frauen.

1940 Am 9. April überfallen deutsche Truppen das neutrale Dänemark und nehmen Kopenhagen kampflos ein. Christian X. bleibt im Land.

1943 Die dänische Regierung tritt zurück, weil sie nicht, wie von den Deutschen gefordert, die Todesstrafe für dänische Saboteure einführt. Die dänische Flotte versenkt sich, um nicht an die deutsche Kriegsmarine zu fallen. Es gelingt, den größten Teil der gut 7000 Juden nach Schweden in Sicherheit zu bringen.

1944 In Nørrebro beginnt ein Generalstreik gegen die deutschen Besatzer, der sich auf ganz Dänemark ausweitet. Als »Vergeltungsmaßnahme« sprengt ein dänisches SS-Korps mehrere Gebäude, darunter die Königliche Porzellanmanufaktur, ein Studentenwohnheim, ein Bürgerhaus und Teile des Tivoli.

1945 Im Februar nimmt Kopenhagen deutsche Flüchtlinge aus Pommern, West- und Ostpreußen auf. Am 5. Mai endet mit dem Zweiten Weltkrieg für Kopenhagen die deutsche Besatzungszeit.

1949 Der »Fingerplan« wird in das Stadtregulierungsgesetz integriert. Danach soll das Wachstum der Hauptstadt entlang von Entwicklungsachsen konzentriert werden. Die begrünten Flächen dazwischen sollen erhalten bleiben und der Naherholung dienen.

1962 Mit der Strøget entsteht eine der weltweit ersten Fußgängerzonen.

1967 Dänemark gibt den Verkauf pornografischer Publikationen frei.

1969 Auch die Verbreitung pornografischer Bilder wird erlaubt.

1971 In Kopenhagen kommt es zu Jugend- und Studentenunruhen. In Christianshavn werden leer stehende Militärbauten besetzt und die Freistadt Christiania gegründet.

1973 Dänemark tritt der Europäischen Gemeinschaft (heute EU) bei.

1989 Dänemark legalisiert die zivilrechtliche Partnerschaft für homosexuelle Menschen.

1996 Kopenhagen ist Kulturhauptstadt Europas.

2000 Margrethe II. weiht die 16 km lange Öresundverbindung für Auto und Eisenbahn zwischen Dänemark und Schweden ein.

2002 Die erste Metrolinie in Kopenhagen wird fertiggestellt und seither kontinuierlich ausgebaut.

2005 Das neue Opernhaus am Innenhafen eröffnet.

2009 In Kopenhagen findet die 15. UN-Klimakonferenz statt.

2013 Legalisierung der Freistadt Christiania durch Umwandlung in eine Stiftung.

2014 Kopenhagen ist Europas Umwelthauptstadt, dank vieler Innovationen und Mobilitätsprojekten.

2016 Die wieder eingeführten Kontrollen an der Grenze zu Schweden betreffen vor allem die 8600 Berufstätigen, die täglich ins südschwedische Malmö pendeln.

2018 Prinz Henrik von Dänemark, der Ehemann von Königin Margrethe II., stirbt mit 83 Jahren.

KUNST & KULTUR

ARCHITEKTUR

Gerade ist Kopenhagen wieder im Umbruch, spektakuläre Bauten entlang des Innenhafens und in der südlich angrenzenden Ørestad sorgen für Aufsehen. Von der ersten Siedlung und dem Bau der Burg Hafn im 11. und 12. Jh. sind kaum Spuren erhalten. Brände und Kriege zerstörten die Stadt immer wieder. Nach einem Großbrand 1795 und dem Beschuss der britischen Marine unter Vizeadmiral Nelson während der Napoleonischen Kriege zu Beginn des 19. Jhs. lagen große Teile der Stadt in Schutt und Asche, die mittelalterliche Bausubstanz war verloren. Doch der Grundriss des Stadtzentrums sowie viele imposante Barock- und Renaissancebauten, die Christian IV. vom Ende des 16. bis Mitte des 17. Jhs. in Auftrag gegeben hatte, überdauerten die Zeit: die Alte Börse mit dem markanten Drachenturm, das Märchenschloss Rosenborg, der Runde Turm, die Trinitatiskirche im Zentrum und das Stadtquartier Christianshavn südlich vom Innenhafen. Um die Wende zum 20. Jh. expandierte die Stadt enorm. Bedingt durch die Industrialisierung zogen viele Landbewohner in die Stadt, frühere Randgemeinden wurden ins Stadtgebiet integriert. Repräsentative Bauten, Wohnhäuser und Straßenzüge aus dieser Zeit prägen noch heute das Bild der inneren Stadt. Auch Christiansborg, Sitz des Parlaments, wurde nach mehreren Bränden Anfang des 20. Jhs. in historisierendem Stil neu erbaut.

Der sagenhafte Drachenturm krönt die Alte Börse

Als die sozialdemokratische Regierung an die Macht gelangte, forcierte sie sozialen Wohnungsbau, neue Parks und Sportstätten. Die ungewöhnliche, expressionistisch anmutende Grundtvigskirche im Nordosten der Stadt stammt aus der Zeit zwischen den beiden Weltkriegen. Der Zweite Weltkrieg ging für die Kopenhagener Bauten glimpflich aus. Nach dem Krieg galt es, der Wohnungsnot zu begegnen. Kinderkrippen, Schulen, Sportanlagen und Seniorenheime entstanden in bis dahin nicht gekanntem Ausmaß. Der »Fingerplan«, nach dem die Stadt sich künftig entlang mehrerer Entwicklungsachsen ausdehnen sollte, um dazwischen Platz für Grünanlagen zu lassen, wurde nur zum Teil umgesetzt. Seit den 1990er-Jahren investierte Kopenhagen viel in die Sanierung und Restaurierung historischer Stadtteile, riss aber auch einige alte Arbeitersiedlungen ab. Zahlreiche neue Bauten wurden errichtet, vor allem an der früher tristen Hafenfront.

Im Jahre 1999 eröffnete die Königliche Bibliothek einen Anbau direkt an der Kaikante, der seinen Spitznamen »Der schwarze Diamant« der Fassade aus schwarzem Granit verdankt. Auch das 2008 eingeweihte Schauspielhaus mit seiner dem Wasser zugewandten Glasfassade ist ein Hingucker. Gegenüber auf der künstlichen Insel Dokøen in Christianshavn erhebt sich seit 2002 das weit ausgreifende Operngebäude. Das Stadtviertel wandelte sich mit modernen Geschäfts- und Wohnhäusern, Promenaden zum Flanieren, mit Hotels, Restaurants, Cafés und Freibädern. Selbst die neuen Fußgänger- und Fahrradbrücken, die Christianshavn besser an die Innenstadt anbinden und über die viele Menschen ohne Auto zur Arbeit kommen, sind Architekturhighlights, wie die Cirkelbroen (2015) von Olafur Eliasson. Spektakulärer ist aber der futuristisch anmutende, einem gigantischen Wasserstrudel nachempfundene Aquariumsbau Blå Planet (2013) direkt am Öresund.

Die Cirkelbroen für Fußgänger und Radfahrer ist eine runde Sache

Kopenhagen greift immer weiter nach Süden aus. Seit Eröffnung der Öresundbrücke, durch die Kopenhagen und Malmö einander näher rückten, entstanden zwischen Flughafen und Innenstadt und an der Küste von Amager moderne Wohnquartiere. Der jüngste Kopenhagener Stadtteil Ørestad soll nach seiner Fertigstellung etwa im Jahr 2020 Wohnraum für 20 000 Menschen und Arbeitsplätze für 60 000 Menschen bieten. Gegenwärtig zählt die Öresundregion mit ihrem Kraft- und Kreativzentrum Kopenhagen zu den wenigen Wachstumsgebieten Europas.

Die urbane Vielfalt Kopenhagens besteht in einer spannenden Mischung aus historischer Altstadt, königlichen Bauten sowie lebendigen Szene- und Neubauvierteln. Einen guten Überblick über mehr als 200 Jahre Architekturgeschichte und Stadtplanung bietet das Dansk Arkitektur Center DAC nicht nur mit seinen Ausstellungen, sondern auch mit thematisch verschiedenen Architekturführungen zu Fuß, per Rad oder Schiff zu Alt- und Neubauten sowie aktuellen Bauprojekten in Kopenhagen und Frederiksberg.

BILDENDE KUNST

Die dänische Hauptstadt ist auch ein Hort der Bildenden Kunst mit vier Dutzend Museen und öffentlichen Galerien, darunter das Staatliche Kunstmuseum, eine herausragende Sammlung dänischer und internationaler Kunst der vergangenen 700 Jahre, die Ny Carlsberg Glyptotek mit einer beeindruckenden Sammlung antiker und moderner Kunst, das ARKEN Museum für moderne und zeitgenössische Kunst 15 km südlich und das Louisiana Museum of Modern Art mit erlesenen Kunstwerken der klassischen Moderne und zeitgenössischer Kunst nördlich der Stadt.

Zu den herausragenden künstlerischen Leistungen der nordischen Bronzezeit gehört z. B. der filigrane Sonnenwagen von Trundholm, eine vor rund 3500 Jahren auf der Insel Seeland angefertigte Arbeit, die im Dänischen Nationalmuseum von Kopenhagen zu sehen ist. Kalkmalereien mit ländlichen Motiven finden sich in den mittelalterlichen Kirchen auf Seeland. Einige davon wurden erst vor einigen Jahren mühsam wieder freigelegt. Man hatte sie in der Reformationszeit weiß übermalt, weil sie nicht vom Bibelwort ablenken sollten. Die Kunst und Prestige liebenden Monarchen holten nach der Reformation vor allem deutsche und niederländische Künstler aus protestantischen Landen an den Kopenhagener Hof.

Die dänische Malerei erlebte in der ersten Hälfte des 19. Jhs. ihr »Goldenes Zeitalter«. Jens Juel (1745–1802) aus Fünen hatte mit seinen Landschaften und Porträts sowie als Direktor der Königlichen Kunstakademie in Kopenhagen dazu beigetragen, dem »Danske Guldalder« den Weg zu bahnen. Zu seinen prominenten deutschen Schülern gehörten Caspar David Friedrich und Philipp Otto Runge. Doch als Vater dieser Blütezeit gilt Christoffer Wilhelm Eckersberg (1783–1853) mit seinen stimmungsvollen, von der Realität inspirierten Bildern. Er arbeitete als erster bedeutender dänischer

Maler unter freiem Himmel, führte als Professor an der Kopenhagener Kunstakademie das Aktstudium mit weiblichen Modellen ein, spielte mit Perspektiven und ungewöhnlichen Motiven. Einer seiner Studenten, Jørgen Roed aus Seeland, machte sich zunächst als Landschafts- und Architekturmaler einen Namen, später dann als Professor für Malerei auch mit Porträts und Altarbildern. Christen Schiellerup Købke aus Kopenhagen, ebenfalls Schüler von Eckersberg, wurde bekannt durch die Ansichten seiner Heimatstadt Kopenhagen und ihrer Umgebung. Auch einer der bekanntesten dänischen Künstler, der Bildhauer Bertel Thorvaldsen (1770–1844) gilt als wichtiger Protagonist des Goldenen Zeitalters. Seine Denkmäler schmücken viele europäische Plätze und Kirchen. Die Stadt Kopenhagen widmete ihrem berühmten Sohn ein ganzes Museum.

Die Moderne erreichte Kopenhagen Anfang des 20. Jhs. Unter dem Eindruck des Ersten Weltkriegs und des unbefriedigenden Stellenwerts der dänischen Malerei in Europa brach Grønningen, eine Gruppe junger unabhängiger Maler in Kopenhagen, mit den Traditionen des Goldenen Zeitalters. Nach dem Zweiten Weltkrieg machte die internationale Künstlergruppe CoBrA um den Dänen Asger Jorn mit abstrakten Werken von sich reden. Ihren Namen leitete die Gruppe von den Herkunftsorten ihrer Gründungsmitglieder, Copenhagen, Bruxelles und Amsterdam, und der gleichnamigen Giftschlange ab, mit deren Kampfgeist sie die bürgerlichen und akademischen Kunstvorstellungen infrage stellen wollten. Die zeitgenössische dänische Malerei hat mit Per Kirkeby (geb. 1938) ihren bekanntesten Vertreter. Aufmerksamkeit erlangte der gebürtige Kopenhagener und promovierte Geologe auch als Architekt, mit Happenings und Kurzfilmen, vor allem aber mit seinen gigantischen Backsteinskulpturen. Er lebt und arbeitet, zumindest zeitweise, in Kopenhagen. Natürliche Phänomene inspirieren den dänisch-isländischen Künstler Olafur Eliasson (geb. 1967), der in seiner Ge-

---

💬 HANS CHRISTIAN ANDERSEN

Der Märchendichter wird am 2. April 1805 in Odense auf der Insel Fünen geboren, doch schon 1819 bricht der 14-Jährige nach Kopenhagen auf. Schauspieler will er werden, Tänzer oder Chorsänger. Stattdessen aber macht Andersen als Schriftsteller Karriere. Zwischen seinen 29 Reisen, die ihn durch Europa und nach Kleinasien führen, lebt er in der dänischen Kapitale. Der berühmte Dichter erliegt am 4. August 1875 einem Krebsleiden und wird auf dem Friedhof Assistens Kirkegård im Kopenhagener Stadtviertel Nørrebro beigesetzt. Sein Werk mit fast 200 Märchen wie »Die Schneekönigin«, »Die Kleine Meerjungfrau« oder »Des Kaisers neue Kleider«, außerdem mit Erzählungen, Novellen, Theaterstücken und literarischen Reiseberichten wird in 145 Sprachen übersetzt.

burtsstadt Kopenhagen mit den Kronleuchtern (2004) im Foyer der Oper und mit der Cirkelbroen (2015) im öffentlichen Raum präsent ist.

LITERATUR UND FILM

Dänische Literatur gibt es seit dem Mittelalter, zumindest wenn man die Helden- und Kampflieder der Wikinger dazuzählt. Später dominierten die in Latein verfassten Gesetzes- und Kirchentexte. Christiern Pedersen (vor 1480–1554) aus Helsingør, ein Schüler von Martin Luther, gab mit seiner Bibelübersetzung ins Dänische den entscheidenden Anstoß für die Entwicklung der Schriftsprache. Auf die Theaterbühne brachte die dänische Sprache der Norweger Ludvig Holberg (1684 bis

Am Rathausplatz erinnert ein Denkmal an den Märchendichter H. C. Andersen

1754), der schon früh nach Kopenhagen gezogen war und nach seiner ersten Komödie »Den politiske Kandestøber« (1722) auch in vielen weiteren Stücken nicht mit Humor geizte. Adam Oehlenschläger (1779–1850) aus Kopenhagen entwickelte sich zum bedeutendsten Vertreter der Romantik in Dänemark. Er verfasste Gedichte, epische Schilderungen und Dramen, außerdem lehrte er als Professor für Ästhetik an der Kopenhagener Universität. Der literarische Gigant des 19. Jhs. war Hans Christian Andersen (1805 bis 1875), der nicht nur mit seinen poetischen Märchen, sondern auch mit Dramen und literarischen Reisebeschreibungen Aufsehen erregte. Tania (eigentlich Karen) Blixen (1885–1962) schrieb viele ihrer Romane und Erzählungen unter dem Pseudonym Isak Dinesen, so wie ihre besonders erfolgreiche Biografie »Out of Africa« (1937), die 1985 mit Meryl Streep in der Hauptrolle verfilmt wurde. Blixens Wohnhaus nördlich von Kopenhagen ist als Museum zugänglich. Beachtung verdienen außerdem die Texte des Kopenhagener Journalisten und Autors Dan Turèll (1946–1993), der sich an der US-amerikanischen Beat Generation orientierte. Einige seiner bekannten Kriminalromane spielen im Kopenhagener Stadtviertel Vesterbro. Vom Kopenhagener Schriftsteller Peter Høeg (geb. 1957) ist der in der dänischen Hauptstadt und auf Grönland spielende Roman »Fräulein Smillas Gespür für Schnee« (1992) über die Hintergründe eines an einem Inuitjungen verübten Verbrechens der bekannteste. Er wurde 1997 vom dänischen Regisseur Bille August (geb. 1948) verfilmt.

DÄNISCHES DESIGN

Wie kommt es nur, dass ein relativ kleines Land wie Dänemark so viele Designer von Weltruf hervorbringt? Arne Jacobsen, Hans Wegner, Poul Henningsen und andere schufen in den 1950er-Jahren Designikonen, die längst in den Ausstellungen international renommierter Museen, darunter dem New Yorker Museum of Modern Art, vertreten sind.

HANDWERKERTRADITION

Doch den Grundstein für diesen Erfolg legte Kaare Klint (1888 bis 1954), als er 1924 an der Kopenhagener Kunstakademie den Bereich Möbelkunst und Raumausstattung gründete. Wie er waren viele Designer zugleich Handwerker und Architekten. Klint war verantwortlich für den Umbau des Friedrichskrankenhauses in das Kunstindustriemuseum, in dem heute das Designmuseum Danmark › S. 85 residiert. Als erster Designklassiker gilt Klints eleganter Faaborg-Stuhl (1914) mit geflochtener Sitzfläche, der heute von Carl Hansen (www.carlhansen. com) hergestellt wird. In der Tradition und unter dem Einfluss von Klint arbeiteten dann Børge Mogensen (1914–1972), Hans J. Wegner (1914 bis 2007), Poul Kjærholm (1929 bis 1980) und Arne Jacobsen (1902 bis 1971). Allen gemeinsam ist eine handwerklich klare, schlichte und ehrliche Formensprache.

Zu den bekanntesten Klassikern dänischen Designs gehören Jacobsens Stühle »Das Ei« und »Der Schwan«, die für den Möbelhersteller Fritz Hansen (www.fritzhansen. com) entworfen wurden und dort nach wie vor produziert werden. Natürlich stehen sie auch im SAS Royal Hotel (heute Radisson Blu Royal Hotel) › S. 32, das Jacobsen von der Auslegeware in den Fluren bis zu den Vorhängen im Restaurant gestaltete. Noch immer pilgern Architekten aus aller Welt nach Kopenhagen, um es zu besichtigen.

Als Assistent von Arne Jacobsen startete Verner Panton (1926–1998) seine Karriere. In den 1970er-Jahren erreichte er den Höhepunkt seines künstlerischen Schaffens, als er mit fließenden Formen und knalligen Farben Pop-Art und Möbeldesign verband. Am bekanntesten sind der freischwingende S-Stuhl, der seit 1967 zusammen mit dem Schweizer Unternehmen Vitra aus Kunststoff in Serie gefertigt wird, und die Flower-Pot-Leuchte.

NEUE DAUERBRENNER

Auf Lampen und Lichtdesign konzentrierte sich besonders Poul Henningsen (1894–1967), der sich zuvor mit funktionalistischer Architektur beschäftigt hatte. Wer kennt sie nicht: die für die Firma Louis Poulsen (www.louispoulsen.com) 1958 kreierten Leuchten »PH5«, bei der drei genial angebrachte Schirme für blendfreie Beleuchtung sorgen, und »Artichoke«? Leicht variiert zählen beide zu den Dauerbrennern dänischen Designs. Henningsens Arbei-

Das Designmuseum sammelt auch Stühle wie »Die Ameise« von Jacobsen (Mitte, 2.v.rechts)

ten über die Relationen zwischen Lichtstrukturen, Schatten, Spiegelung und Lichtwiedergabe gehören zum Standardwissen junger Lichtdesigner.

VON DER IDEE BIS INS MUSEUM

Das Designmuseum bietet sicherlich den besten Überblick, aber gutes Design ist in Kopenhagen allgegenwärtig: LEGO, die Firma mit den bunten Steine aus dem jütländischen Billund, ist durch einen Flagship-Store auf dem Strøget präsent. Gleiches gilt für Bang & Olufsen, den Hersteller edler Unterhaltungselektronik. Und die Klassiker von Morgen findet man heute in den Designläden › S. 42 oder im Einkaufstempel Illums Bolighus › S. 42. Beste Zukunftsaussichten haben die Gewinner des alljährlich ausgelobten Danish Design Award (http://danish designaward.com). Ausgezeichnet wurden in den Vorjahren auch die Möbeldesigner Ask Emil Skovgaard, Jonas Herman Pedersen und Lotte Nørregaard Petersen (Griffen Shop, Griffenfeldsgade 22). Kopenhagener Designer und kleine Manufakturen versucht die Initiative CPHmade (Brolæggerstræde 6, http://cphma de.org) zu fördern, die manchmal interessante Touren zu Werkstätten und speziellen Themen anbietet. Zunehmend an Bedeutung gewinnen soziale Verantwortung, Umweltbewusstsein, biologisch nachhaltige Produktion und Upcycling. Firmen wie Aiayu (www.aiayu.com), ege (www.egecarpets.com) und Real Relief (www.realreliefway.com) setzen deswegen immer wieder auf junge Kreative.

Dänische Filme sorgten international oft für Aufsehen. Viele davon entstanden in Hvidovre am südwestlichen Stadtrand von Kopenhagen bei Zentropa, der Produktionsfirma des Regisseurs Lars von Trier (geb. 1956). Er, Thomas Vinterberg, Kristian Levring und Søren Kragh-Jacobsen initiierten mit der Dogma-Bewegung (1995–2005) die Erneuerung des europäischen Kinos – realistisch, mit Handkamera, ohne Verfremdung durch aufwendige Effekte und Kulissen. Zentropa produzierte auch den oscarnominierten Historienfilm »Die Königin und der Leibarzt« (2012) mit Mads Mikkelsen als Struensee. Den Oscar für die beste Nebendarstellerin erhielt Alicia Vikander als dänische Malerin Gerda Wegener in »Danish Girl« (2015). Deren Mann Einar Wegener bzw. Lili Elbe unterzog sich 1930/31 als einer der ersten Intersexuellen einer geschlechtsangleichenden Operation. Kein dänischer Film, aber eine teils in Kopenhagen gedrehte dänische Geschichte.

FESTE & VERANSTALTUNGEN

An Festen, Festivals und Events besteht in Kopenhagen kein Mangel. Vor allem im Sommerhalbjahr ist fast jeden Tag etwas los. Eine Übersicht über die wichtigsten Ereignisse kann die Wahl zumindest erleichtern.

FESTKALENDER

Januar/Februar: Copenhagen Fashion Week. Die Modedesigner präsentieren ihre neuesten Kollektionen, Trends, Stoffe usw. (www.copenhagenfashionweek.com).

Winterjazz. Mehrere Dutzend Veranstaltungen und Konzerte (http://jazz.dk/cphjazz).

April: Geburtstag von Königin Margrethe II. am 16. April. Der Wachwechsel am Schloss Amalienborg wirkt noch feierli-

---

💬 **LGBT IN KOPENHAGEN**

Kopenhagen ist eine offene und allen Menschen zugewandte Stadt. Bei den World Outgames, einer Sport- und Kulturveranstaltung für Lesben, Schwule, Bi- und Transsexuelle, zu der 2009 in Kopenhagen 8000 Teilnehmer aus fast 100 Ländern zusammenkamen, lautete das Motto »Liebe zur Freiheit – Freiheit zu lieben.« Das Motto ist aktuell geblieben. Dänemark war das erste Land der Welt, in dem gleichgeschlechtliche Partner eine staatlich registrierte, offizielle Verbindung eingehen konnten. Das war bereits 1989. Seit 2009 ist ihnen auch die Adoption von Kindern möglich. Gleichgeschlechtliche Partner können seit 2012 in der Kirche und im Rathaus heiraten. Es gibt einen Gay-Stadtplan und eine App zum Download, die viele Treffpunkte und Bars auflistet. Verständlich, dass Kopenhagen ein Anziehungspunkt für homosexuelle Dänen und Touristen gleichermaßen ist.

Einfach gigantisch ist das Roskilde Festival

cher, wenn die Königin huldvoll freundlich vom Balkon winkt.

Mai: Copenhagen Marathon. Ende Mai laufen Tausende Profis und Amateure die Marathonstrecke durchs gesamte Stadtgebiet (http://copenhagenmarathon.dk).

Juni: Distortion. Gigantisches Musikfestival in Klubs und auf den Straßen, mit diversen Bühnen und Hunderttausenden Teilnehmern (www.cphdistortion.dk). **Sankt Hans Aften.** Ausgelassene Mittsommernacht am 23. Juni in der Stadt und an den Stränden im Norden und Süden Kopenhagens.

Juni/Juli: Roskilde Festival. Eine Woche dauert das größte Rockfestival Nordeuropas (www.roskilde-festival.dk).

Juli: Copenhagen Jazz Festival. Jazz mit internationalen Stars an verschiedenen Orten in der Stadt (http://jazz.dk).

August: Strøm Festival. Eine Woche Mitte August gibt es elektronische Musik in der gesamten Stadt (www.strm.dk). **Copenhagen Pride.** Mehrtägiges Fest der Gay-Community mit riesiger Parade und Kundgebung am Rathausplatz zum Abschluss (www.copenhagenpride.dk). **Zulu Sommerbio.** Open-

Air-Kino Mitte August im Fælledparken bei freiem Eintritt – am besten Picknickkorb und -decke mitbringen (www.zulu.dk).

Copenhagen Cooking & Food Festival. Mitte bis Ende August dreht sich zehn Tage alles ums Kochen und Essen, auch Workshops und Märkte (www.copenhagencooking.com). **Kulturhavn.** Dreitägiges Kulturspektakel am Innenhafen zum Monatsende (https://kulturhavn.kk.dk).

September/Oktober: CPH:PIX. Zweiwöchiges internationales Filmfestival mit Wettbewerb um den New Talent Grand Pix (www.cphpix.dk).

Oktober: Nacht der Kultur. An einem Abend Mitte Oktober mehrere hundert Veranstaltungen vieler Institutionen und Initiativen mit Konzerten, Diskussionen, Theater, Ausstellungen (www.kulturnatten.dk). **Copenhagen Blues Festival.** Fünf Tage mit Konzerten mit dänischen, skandinavischen und internationalen Bluesgrößen (www.copenhagenbluesfestival.dk).

Dezember: Weihnachtsmärkte. Festtagsstimmung im Tivoli, am Nyhavn und auf dem Høbro Plads.

Eine schönere Einladung zum Faulenzen als den
Park von Rosenborg Have gibt es nicht

TOUREN & SEHENSWERTES

INDRE BY

Die Leibgarde der Königin vor
Schloss Amalienborg

Kopenhagens Innenstadt, Indre By, glänzt durch historische Schlösser, interessante Museen, Plätze mit plätschernden Brunnen und geschäftige Einkaufsstraßen wie die zentrale Fußgängerzone Strøget zwischen Rådhuspladsen und Kongens Nytorv.

Indre By, die Innere Stadt, nennen die Kopenhagener ihr Zentrum, das vom Hauptbahnhof Hovedbanegården im Süden bis zur alten Festung Kastellet im Norden, von den Stadtseen im Westen bis zum Innenhafen im Osten reicht. Hier stand vor knapp 850 Jahren die Hafn genannte erste Burg, Vorläufer der heutigen Christiansborg, die den dänischen Königen viele Jahrhunderte lang als Herrschaftssitz diente. Quer durch die Innenstadt, vom Rathausplatz bis zum Kongens Nytorv, dem »Neuen Königsplatz«, zieht sich der Strøget, ein krakeliger »Strich«, für den 1962 mehrere Straßen zu einer rund 2km langen Fußgängerzone zusammengefügt wurden. Hier gibt es sowohl edle Boutiquen und feine Designtempel als auch Fast-Food-Lokale und billige Massenware.

In der Indre By schlägt das historische Herz der Stadt, allein drei Königsschlösser, neben Christiansborg das Märchenschloss Rosenborg und Amalienborg, der Wohnsitz der Königin, sind nur wenige Minuten zu Fuß voneinander entfernt. Wolkenkratzer sind im Zentrum nicht zu finden. So bleibt in Kopenhagen der Blick auf die markanten Kupferdächer von Renaissancegebäuden und Türmen, wie dem Drachenturm der Alten Börse oder dem des Rosenborg Slot, un-

verstellt. Kein Hochhaus konkurriert mit den eindrucksvollen Bauten im klassizistischen Stil und aus der Zeit um 1900, wie etwa der Frederikskirche mit ihrer mächtigen Kuppel, dem wuchtigen Rathaus, dem ehrwürdigen Luxushotel D'Angleterre oder dem Königlichen Theater am Kongens Nytorv.

Das historische Zentrum der Stadt ließe sich von einem bis zum anderen Ende in weniger als einer Stunde locker durchqueren. Doch in der Realität dauert es natürlich erheblich länger. Denn es gibt entlang der Strecke doch einiges zu sehen, und an jeder Ecke warten einladende Cafés.

💬 **GALERIENBUMMEL**

An der **Bredgade** 🔖 J3/4 gibt es neben Auktionshäusern und Möbelgeschäften, die hochwertige Designstücke führen, einige interessante Kunstgalerien. Die Galerie **Mikael Andersen** (Nr. 63) handelt mit dänischer und internationaler zeitgenössischer Kunst, in **Bredgades Kunsthandel** (Nr. 67), den Galerien **Christoffer Egelund** (Nr. 75) und **Asbæk** (Nr. 23) wird vor allem moderne und aktuelle Kunst aus Dänemark verkauft.

TOUREN IN INDRE BY

TOUR 1

VOM TIVOLI BIS SLOTSHOLMEN

VERLAUF: Tivoli > Ny Carlsberg Glyptotek > Nationalmuseet > Thorvaldsens Museum > Christiansborg Slot > Tøjhusmuseet > Kongelige Bibliotek > Dansk Jødisk Museum > Børsen > Holmens Kirke

KARTE: Seite 86
DAUER: ca. 6 Std., 2,5 km
PRAKTISCHE HINWEISE:

- Diese Tour sollte man möglichst nicht an einem Montag starten, da dann die meisten Museen geschlossen bleiben.
- Die reine Gehzeit für die Strecke von ca. 2,5 km beträgt etwa 30–45 Min.
- Die Dauer der Tour hängt stark vom Aufenthalt in den Museen ab. Und allein im Tivoli kann man, vor allem mit Kindern, einen ganzen Tag verbringen.
- Es ist möglich, die Tour auf zwei halbe Tage zu verteilen.

TOUR-START:
TIVOLI 1 ⭐ 📍 G5

Ein Vergnügungspark für Jung und Alt inmitten der Stadt und das seit mehr als 170 Jahren. Hier stehen nostalgische Fahrgeschäfte, wie eine Achterbahn von 1914, die ihre Kurven mit einem Bremser an Bord noch immer sicher bewältigt, neben modernen Hightechmaschinen, wie Vertigo, wo man bei 100 km/h plötzlich über Kopf in den Sitzen hängt. So verbindet der Tivoli ganz beiläufig alte Zeiten mit moderner Technik. Schon 1843 wurde der Vergnügungspark, damals noch unmittelbar vor den Toren der Stadt, gegründet. Georg Carstensen hieß der wagemutige Kaufmann und Verleger, der von König Christian VIII. die Erlaubnis erhielt, auf einem 8 ha großen Gelände Karussells, Theater Rutschbahnen und andere Attraktionen zu errichten. Eine Statue des Gründers grüßt vor dem Eingang zum Konzertsaal. Der Tivoli war vom ersten Tag an ein Erfolg: 16 000 Besucher strömten zur Eröffnung durch die Eingangstore. Heute werden im Jahr etwa 4 Mio. Tickets verkauft. Die kleinsten Besucher begeistern sich im Spielparadies oder fahren mit Oldtimermodellen durch dem Märchenwald. Ältere zieht es eher zu den diversen Achterbahnen oder dem turmhohen Kettenkarussell »Star Flyer«. Manche amüsieren sich lieber über die Vorstellungen des Pantomimentheaters mit Pierrot, Columbine und Harlekin im Stil der italienischen Commedia dell'Arte. Im Konzertsaal sowie auf der großen Freilichtbühne Plænen kann man Musik von Klassik bis Pop lauschen. Hier spielt auch das Symphonieor-

Für Hochgefühle im Geschwindigkeitsrausch sorgen die Fahrgeschäfte im Tivoli

chester des Tivoli. Bei Auftritten internationaler Popstars kommen bis zu 50 000 Zuschauer. Außerdem kümmern sich 44 Restaurants und Snackbars um die Verpflegung der vielen Tausend Besucher, von der schlichten Bierbar bis zum Edelrestaurant. Das Brauhaus zum Fährkrug serviert sein Bier mit Blick auf den Tivoli-See und eine chinesische Pagode. Im Sommer setzen jeden Samstag kurz vor Mitternacht Feuerwerksraketen den farbig funkelnden Schlusspunkt eines Tages.

Für viele, die ihre Besichtigung morgens im Tivoli starten, endet der Tag auch hier. Zu viel zu sehen, zu viele Attraktionen, zu viele Le-

---

💬 WEIHNACHTEN IM TIVOLI

Ende November wird es im Tivoli besonders *hyggelig.* Festlich dekoriert mit weit über 100 000 Lampen (natürlich mit stromsparenden LED-Leuchten) eröffnet der Vergnügungspark zum Ersten Advent seine Tore. Santa Claus persönlich lädt zur Fahrt mit den Achterbahnen und Karussells ein. Der weihnachtlich gewürzte Punsch, *gløgg,* mit oder ohne Alkohol, und heiße Apfelpfannkuchen wärmen Körper und Seele. In rustikalen Holzhäuschen wird allerlei Gestricktes, Gedrechseltes und Dekoratives für die Weihnachtszeit verkauft. In vielen Restaurants am Hauptweg durch den Park wird *julefrokost* aufgetischt, ein üppiges Weihnachtsbüfett mit eingelegten Heringsfilets, gebratener Scholle, Hackbällchen, Schweinebraten, Käse, Pudding und Mandelmilchreis. Wenn es dunkel wird, glitzern tausende Lämpchen wie leuchtende Blätter in den Bäumen und spiegeln sich festlich im Tivoli-See.

ckereien. Vor allem, wer mit Kindern unterwegs ist, wird einige Stunden einkalkulieren müssen. Kein Problem, dann setzt man die Tour eben am nächsten Tag fort (Vesterbrogade 3, Tel. 3315 1001, www.tivoli.dk, April–Sept., Mitte Nov.–Dez. So–Do 11–23, Fr/Sa bis 24 Uhr, Extraöffnungszeiten zu Halloween und in den dänischen Winterferien).

NY CARLSBERG GLYPTOTEK

 G5

Wer den Tivoli durch das Tor zum H. C. Andersen Boulevard verlässt, steht nach wenigen Schritten vor dem Eingang zur Ny Carlsberg Glyptotek. Das Kunstmuseum wurde 1888 von Carl Jacobsen gestiftet, dem Besitzer der Carlsberg-Brauerei, der damit die Kunstsammlung seiner Familie der Öffentlichkeit zugänglich machte. Die antike Abteilung mit Skulpturen von ägypti-schen, sumerischen, phönizischen, griechischen, römischen oder persischen Bildhauern besitzt auch eine bedeutende Sammlung von Grabporträts aus Palmyra. Die exzellente Sammlung französischer Impressionisten und Postimpressionisten umfasst Werke von Delacroix, Rousseau, Manet, Monet, Pissarro, Degas und Rodin sowie mehr als 40 Arbeiten Gauguins und seiner Zeitgenossen Cézanne und van Gogh. Auch die dänische Kunst des »Goldenen Zeitalters« 1800 bis 1850 ist mit C. W. Eckersberg, Jens Juel oder Christen Købke gut vertreten.Dazu kommen Skulpturen dänischer Künstler des 19. und 20. Jhs., etwa von Thorvaldsen. Das dem Museum angeschlossene Café in einem wunderschönen Wintergarten eignet sich bestens für eine Pause bei Kaffee und Kuchen (Dantes Plads 7, Tel. 3341 8141, www.glyptoteket.dk, Di–So 11–18, Do bis 22 Uhr)

💬 WIKINGER

Im 8. Jh. wird Europa von wilden Gesellen aus dem Norden heimgesucht. Wikinger, vor allem aus Dänemark und Norwegen, überfallen 793 n. Chr. das Kloster auf der Insel Lindisfarne vor der Küste Nordenglands. Auf erfolgreichen Beutezügen fahren sie später mit ihren Drachenbooten von den Küsten die Flüsse hinauf, sie greifen Hamburg an, tauchen in Nordspanien, Portugal, Paris und in der Toskana auf. Es folgen Staatsgründungen in Irland und in der Normandie. Von dort aus erobern sie im Jahr 1066 England. Der Name Wikinger stammt von der altnordischen Vokabel *vik* für »Bucht«. Doch sie erobern und plündern nicht nur, sie leben auch als Bauern und treiben Handel mit Fellen und Pelzen. Bis zum 11. Jh. dauert die große Zeit der Nordmänner, dann erwerben sie jeweils als Dänen, Schweden und Norweger eine eigene Identität und verschmelzen mit den überfallenen Völkern. Das Nationalmuseum Dänemarks > **S. 75** in Kopenhagen zeigt in einer großen Ausstellung Lebensweise, Weltanschauung, Raubzüge und Kunst der Wikinger.

Gülden schimmert der Sonnenwagen von Trundholm im Nationalmuseum

NATIONALMUSEET

3 ⭐ 3 📗 G5

Das 1744 im Rokokostil errichtete Prinzenpalais (Prinsens Palæ) beherbergt das großartige dänische Nationalmuseum. Hier kann man sich bei freiem Eintritt in die reiche Geschichte Dänemarks vertiefen.

Ein ganzer Gebäudeflügel widmet sich der Vor- und Frühgeschichte, der Entwicklung von den Rentierjägern der Eiszeit bis zu den Wikingern. Zu den Highlights in der Ausstellung gehören die Lurenhörner aus der Bronzezeit, von denen einige noch spielbar sein sollen, das 16–18-jährige Egtved-Mädchen aus Jütland, das vor mehr als 3400 Jahren in einem Eichensarg bestattet wurde und erstaunlich gut erhalten blieb, sowie der grandiose Sonnenwagen. › mehr S. 16 Punkt 28

Das Obergeschoss beschäftigt sich ausführlich mit Mittelalter und Renaissance, hier steht Dänemark in der Vor- und Nachreformationszeit im Fokus. Exponate aus der Zeit der Renaissancekönige Christian III., Frederik II. und Christian IV. bezeugen das Selbstverständnis und den Machtanspruch der Monarchen, aber auch das Erstarken einer neuen bürgerlichen Klasse, die zunehmend als Auftraggeber für Porträtmaler in Erscheinung tritt. Viele der ausgestellten Silbermünzen und Schmuckstücke stammen übrigens aus Verstecken, in denen die besorgten Dänen während des Kriegs mit Schweden ihre Schätze vor Plünderungen bewahrten.

Ein besonderes Augenmerk des Museums gilt der deutschen Besatzungszeit 1940–45, die mit vielen

Fotos aus dem Alltag und von dänischen Widerstandskämpfern dokumentiert wird. Sehr interessant und umfassend ist auch der den Inuit auf Grönland gewidmete Ausstellungsbereich. Das integrierte Kindermuseum beantwortet konkrete Fragen: Was für eine Schule hat die Urgroßmutter besucht? Wie sahen Küchen im Mittelalter aus (Ny Vestergade 10, Tel. 3313 4411, www.natmus.dk, Di–So 10–17 Uhr)?

FREDERIKSHOLMS KANAL

4 🚏 G/H5

Auf dem schmalen Kanal um die Schlossinsel Slotsholmen herrscht in den Sommermonaten viel Betrieb. Offene Ausflugsboote schippern ihre Fahrgäste sicher und geschickt übers Wasser. Am Ufer entlang der Nybrodgade, an Gammel Strand und Ved Stranden reihen sich zahlreiche Cafés und Bars aneinander. Hier genießt man im milden Abendlicht einen Cocktail sowie den Blick auf Thorvaldsens Museum und Schloss Christiansborg. Die mit norwegischem Marmor verkleidete Marmorbroen führt über den Frederiksholms Kanal direkt auf die Insel Slotsholmen und zum früheren Haupteingang von Schloss Christiansborg.

ZWISCHENSTOPP: BAR

Freunde gut gemixter Cocktails sollten sich bei **Ruby** ❶ €€ 🚏 H5 ein Plätzchen mit Aussicht über den Kanal und auf die Schlossinsel sichern.

• Nybrogade 10 | Tel. 3393 1203
  https://rby.dk
  Mo–Sa 16–2, So 18–2 Uhr

THORVALDSENS MUSEUM

5 🚏 H5

Das Thorvaldsens Museum wurde als erster öffentlicher Museumsbau in Dänemark zu Ehren des klassizistischen Bildhauers Bertel Thorvaldsen (1770–1844) errichtet. Die Eröffnung 1848 erlebte der Künstler selbst nicht mehr. Thorvaldsen muss ein ungewöhnlicher Mann gewesen sein: Bereits mit elf Jahren an der Kunstakademie angenommen, absolvierte er schnell seine Ausbildung. Aus dem anschließenden Studienaufenthalt in Rom wurden fast 40 Jahre. Währenddessen machte er sich einen Namen als Porträtmaler und exzellenter Bildhauer. Zu seinen Auftraggebern gehörten der Papst, Napoleon und verschiedene europäische Königshäuser. Als er 1838 in seine Heimatstadt Kopenhagen zurückkehrte, wurde er wie ein Superstar empfangen. Der Fries von Jørgen Sonne, der die gelb gestrichenen Außenmauern des Museums umläuft, zeigt den Triumphzug: Honoratioren, Künstler, aber auch ganz normale Kopenhagener, jung und alt, reich und arm, jubeln dem Heimkehrer zu, als er vom Schiff »Rota« an Land geht. Auch die anschließende Entladung und der Transport seiner teils gigantischen Werke ins Museum wird detailliert und farbenfroh geschildert.

Das Museumsgebäude, das einen Innenhof mit Thorvaldsens Grabstätte umschließt, zeigt seine Kunstwerke: Skizzen, Marmorstatuen sowie viele seiner Gipsmodelle von Denk- und Grabmälern, die weltweit Plätze und Kirchen schmücken, außerdem Antiquitäten, Bilder, Zeichnungen und Drucke aus der Sammlung des Künstlers. Wechselausstellungen präsentieren darüber hinaus interessante Zeitgenossen und Gegenwartskunst (Bertel Thorvaldsens Plads 2, Tel. 3332 1532, www.thorvaldsensmuseum.dk, Di–So 10–17 Uhr).

SLOTSKIRKEN 6 ‖ H5

Die klassizistische, grauweiße und turmlose Kirche gehört zum Schloss Christiansborg, war und ist daher oft Schauplatz königlicher Trauungen, Taufen und Aufbahrungen. Ein von vier Säulen getragener Portikus führt in den schlichten Innenraum mit einer klangvollen Orgel (Prins Jørgens Gård 1, Tel. 3392 6492, www.christiansborg.dk, Juli tgl. 10 bis 17, sonst So 10–17 Uhr).

CHRISTIANSBORG SLOT 7 ‖ H5

Die Geschichte des Schlosses auf Slotsholmen reicht zurück bis zur Burg Hafn von Bischof Absalon im Jahr 1167. Mehrere Brände und Neubauten später ließ Christian IV. 1732 das erste Schloss namens Christiansborg errichten. Doch sein opulenter Barockbau brannte 1794 ab, abgesehen von den Stallungen. Die entnervte königliche Familie kaufte daraufhin Schloss Amalienborg und zog um. Als der klassizistische Neubau von Christiansborg 1828 durch einen Brand zerstört wurde, blieb nur die Schlosskirche stehen.

Das heutige eher wuchtige als schöne neobarocke Schloss hatte das Parlament zu verantworten. Denn auch wenn die Repräsentationsräume von der Königin genutzt werden, tagt hier vor allem das **Folketing,** das dänische Parlament. Außerdem haben der Ministerpräsident, mehrere Minister und das oberste Gericht des Landes ihren Sitz in Christiansborg. Teile des Parlaments können außerhalb der Sit-

Der moderne Teppich bringt Farbe in den Thronsaal von Schloss Christiansborg

EINE SCHAU – DIESE MUSEEN

- Das **Thorvaldsens Museum** ist vom Fries an der Außenwand bis zur Grabstätte des dänischen Bildhauers im Innenhof einfach großartig.
  > S. 76
- Die gelungene Ausstellungsgestaltung des **Dansk Jødisk Museum** macht den Weg durch die Geschichte der dänischen Juden zum spannenden Erlebnis. > S. 80
- Im **Statens Museum for Kunst** staunt man über den Schatz an Kunstwerken vom Mittelalter bis zur Gegenwart – und den tollen Blick vom Neubau in den umliegenden Park. > S. 94
- Altes Gewerkschaftshaus und neue Medien sind im **Arbejdermuseet** auf das schönste miteinander verbunden. Spass haben aber nicht nur Erwachsene, sondern auch die Kinder in ihrem eigenen Bereich.
  > S. 96
- Die **Kunstforeningen Gl Strand** H5 überzeugt in einem alten Gemäuer mit Ausstellungen zeitgenössischer Kunst.
  Gammel Strand 48 | Indre By
  http://www.glstrand.dk
  Di–So 11–17, Mi bis 20 Uhr
- Das historische Holzgebäude des Ausstellungszentrums **Den Frie** H2 in Østerport erweist sich als geniale Location für aktuelle Licht- und Videoinstallationen.
  Oslo Plads 1 | Indre By
  http://denfrie.dk
  Di–So 12–18, Do bis 21 Uhr

zungszeiten, aber nur im Rahmen von Führungen besichtigt werden (Besuchereingang Rigsdagsgården, Tel. 3337 3221, www.thedanishparliament.dk, in Englisch So 13 Uhr, Juli–Mitte Aug. zusätzlich Mo–Fr).

Herz des Schlosses ist die **Große Halle** mit den elf farbenprächtigen Gobelins. Hier finden bei Staatsempfängen die Galadiners statt. Die Wandteppiche wurden 1990–2000 im Auftrag des dänischen Unternehmerverbands als Geschenk für Margrethe II. angefertigt. Die von Bjørn Nørgaard entworfenen knallig bunten, aus Wolle gewebten Bilder zeigen 1000 Jahre Geschichte des Königreichs und global bedeutende Ereignisse wie die Mondlandung oder den Mauerfall.

Einen Eindruck davon, wie aufwendig und wenig feierlich es oft im Hintergrund zugeht, vermittelt ein Besuch in der **Königlichen Küche,** die mit frisch aufpolierten Kupferkesseln, -pfannen und -terrinen glänzt. Eine gelungene, mitreißende Inszenierung versetzt die Topfgucker in das Jahr 1937 mitten hinein in die Vorbereitungen eines Staatsbanketts anlässlich des Krönungsjubiläums Christians X.

Außerdem besichtigt werden können die Mauerüberreste der **Absalonburg** aus dem 12. Jh., die im Fundament des Schlosses gefunden wurden, sowie die Ruinen des alten Schlossgefängnisses (Prins Jørgens Gård, Tel. 3392 6492, www.christiansborg.dk, Mai–Sept. tgl. 9–17, Okt.–April Di–So 10–17, Führungen in Englisch durch die Repräsentationsräume jeweils 15 Uhr).

Detailfreudig bebildern die Gobelins tausend Jahre dänische Geschichte

Wer möchte kann auch einen Blick in die königlichen Stallungen, zu Kutschen und Pferden, werfen. Wo einst 270 Pferde standen, sind heute immerhin noch 20 untergebracht (April–Sept. tgl. 13.30–16, sonst Di–So 13.30–16 Uhr).

Über dem Königsportal erhebt sich ein 106 m hoher **Turm.** Im Aufzug gelangen Besucher mühe- und kostenlos nach oben, wo sie eine herrliche Aussicht über die Stadt wartet (http://taarnet.dk, Di–Sa 11 bis 21 Uhr).

TØJHUSMUSEET 8 H5

Wer sich für alte Waffen und Uniformen interessiert, dürfte im Tøjhusmuseet am Ziel seiner Wünsche sein. Das Zeughaus wurde 1598–1604 von Christian IV. erbaut, der imposante Kuppelsaal im Erdgeschoss gilt mit 156 m als der längste noch existierende der Renaissance. Das Museum birgt eine Sammlung mit fürstlichen Prunkwaffen, modernen Handfeuerwaffen und Raketen, Ritterrüstungen sowie Stahlhelmen. Mit dem Einzug der Sammlung des Orlogsmuseet (Marinemuseums) und der Neukonzeption im August 2016 gewinnt das Museum sichtlich an Attraktivität. Nun kann man hier neben Marineuniformen, Kanonen von Fregatten oder modernen U-Booten auch Modelle alter Segler, vergoldete Bugfiguren, feine Navigationsinstrumente und Werke der Marinemalerei bestaunen (Tøjhusgade 3, Tel. 3311 6037, http://nat mus.dk, Di–So 12–16 Uhr).

KONGELIGE BIBLIOTEK

9 | H5

Die Nationalbibliothek Dänemarks ist mit gut 4,5 Mio. Büchern die größte und bedeutendste Bibliothek Skandinaviens. Mit dem 1999 errichteten Anbau **»Den Sorte Diamant«** ergibt sich ein offenes Gebäudeensemble aus traditionell und modern. Ein breiter Glasdurchgang teilt den mit schwarzem Zimbabwe-Granit verkleideten, angeschrägten Kubus des schwarzen Diamanten, sodass viel Licht ins Innere fällt. Der Bau beherbergt einen Teil der Bibliotheksbestände, darunter Handschriften von Søren Kierkegaard › S. 129, Ausstellungen und Veranstaltungen. Der Bibiliothek angeschlossen ist das **Nationale Fotomuseum,** das mit rund 50 000 Exponaten, darunter Werke von August Sander, Albert Renger-Patzsch, Nan Goldin, Andreas Gursky und Thomas Ruff, einen hervorragenden Überblick über die Entwicklung dieses Mediums liefert. Stärken kann man sich mit Blick über den Innenhafen auf Christianshavn und bis Islands Brygge im Cafè Öieblikket oder im Restaurant Søren K (Søren Kierkegaards Plads 1, Tel. 3347 4747, www. kb.dk, Ausstellungen Mo–Fr 10 bis 19, Sa bis 18 Uhr).

DANSK JØDISK MUSEUM

10 | H5

Das Dänisch-Jüdische-Museum, das an den idyllischen Garten der Bibliothek grenzt, konzipierte der Stararchitekt Daniel Libeskind 2004 im historischen Backsteingebäude des Königlichen Bootshauses aus dem 17. Jh. Das Innere ist als Korridor mit schiefen Wänden und unebenen Böden, Ecken und Kanten gestaltet. Kleine Innenräume, Licht und Backstein schaffen menschliche Wärme. So kann der Besucher,

Die Holmens Kirke verfügt als Gotteshaus der Marine über einen eigenen Bootsanleger

zu vielen Perspektivwechseln aufgefordert, gleichermaßen bewegt und einbezogen, 400 Jahre Geschichte der Juden in Dänemark nachempfinden. Außerdem folgt die Korridorführung dem hebräischen Wort *mitzwa*. Es ist mehrdeutig, steht aber in der jüdischen Religion vor allem für eine gottgefällige, gute Tat. Als Motto des Museums erinnert es daran, dass fast alle dänischen Juden vor den Nazis gerettet werden konnten, weil sie im Oktober 1943 von ihren dänischen Mitbürgern mit Booten über den Öresund nach Schweden gebracht wurden (Proviantpassagen 6, Tel. 3311 2218, www. jewmus.dk, Juni–Aug. Di–So 10 bis 17, Sept.–Mai Di–Fr 13–16, Sa/So 12–17 Uhr).

BØRSEN 11 H5

Die prächtige Alte Börse wurde unter Christian IV. 1625–40 errichtet und war einst mit 40 kleineren Marktständen und einem eigenen Anleger für Frachtschiffe ausgestattet. Der dekorative Renaissancebau überstand alle Brände und Kriege. Der Legende nach soll ihr markanter Turm aus den zu einer Spirale verdrehten vier Drachenschwänzen alle Kanonenkugeln und Brandsätze abgewehrt haben. Da das Gebäude von der dänischen Industrie- und Handelskammer für Veranstaltungen genutzt wird, ist es öffentlich nicht zugänglich (Børsgade 1, Tel. 3374 6000, www.borsbygningen.dk).

HOLMENS KIRKE 12 H5

Auch die backsteinerne Renaissancekirche blieb Gott sei Dank von den Stadtbränden verschont. Christian IV. hatte 1625 eine alte Ankerschmiede zum Gotteshaus für die Marine umbauen lassen. Im Inneren überrascht eine hohe Kanzel, die fast unter der Decke hängt. Neben dem Altar befindet sich ein Gedenkraum für die »Seehelden« der dänischen Marine. Die königliche Familie nutzt die Marinekirche gern, hier wurden Margrethe II. und Prinz Hendrik 1967 getraut (Holmens Kanal 21, Tel. 3313 6178, www.holmenskirke.dk, Mo, Mi, Fr/Sa 10–16, Di, Do 10–15.30, So 12 bis 16 Uhr).

TOUR 2

DURCH FREDERIKSSTADEN

VERLAUF: Amalienborg Slot › Den Kongelige Afstøbningssamling › Frederiks Kirke › Aleksander Nevskij Kirke › Design Museum › Gefionspringvandet › Den Lille Havfrue › Kastellet

KARTE: Seite 86
DAUER: 6 Std. (mit Besuchen in Kirchen und Museen), 3,5 km
PRAKTISCHER HINWEIS:
• Flattert der Dannebrog über dem Palais Schack von Schloss Amalienborg, ist die Königin anwesend. Dann findet auf dem Schlossplatz um 12 Uhr die Wachablösung der königlichen Leibgarde statt.

Frederik V. blickt von seinem Sockel zwischen Palais Moltke und Palais Levetzau hindurch

TOUR-START: AMALIENBORG SLOT 🔲 ⭐ 📖 J3/4

Seit 1794 residiert die königliche Familie in Schloss Amalienborg. Sie kaufte das Anwesen, nachdem ihr bisheriger Wohnsitz Schloss Christiansborg ein Raub der Flammen geworden war.

Die Schlossanlage besteht aus vier nahezu identischen quaderförmigen, durch Säulen und Pilaster strukturierten Rokokopalais mit ihren Nebengebäuden und Gärten. Sie rahmen den achteckigen Schlossplatz, Amalienborgs Slotsplads, im Schnittpunkt der Straßen Frederiks- und Amaliegade. In seiner Mitte erhebt sich die bronzene Reiterstatue Frederiks V., der in Richtung Frederikskirche blickt.

Von Frederik V. ging Mitte des 18. Jhs. die Initiative aus, nördlich des Stadtzentrums ein neues Viertel im Barockstil zu erbauen. Zentrum von **Frederiksstaden** sollte das von Hofbaumeister Nicolai Eigtved entworfene Gebäudeensemble mit den vier Palästen sein. Sie gehörten verschiedenen Adelsfamilien, bevor sie in den Besitz des Königshauses gelangten, sodass sie jeweils zwei Namen tragen.

Das **Palais Schack** (Christian IX Palæ) im Südosten dient der Königin als Hauptwohnsitz. Sie hält sich hier vor allem im Winterhalbjahr

auf die Frederiks Kirke

länger auf. Die Vorbesitzerin Gräfin Schack entstammte einem Adelsgeschlecht aus Niedersachsen.

Das **Palais Brockdorff** (Frederik VIII Palæ) im Nordosten bewohnt heute der Thronfolger Prinz Frederik mit seiner Familie. Im 18. Jh. hatte es zunächst Baron Brockdorff, ein Adliger aus Holstein, gekauft.

Das **Palais Moltke** (Christian VII Palæ) im Südwesten erwarb Baron Adam Gottlob Moltke aus Mecklenburg, der als Hofmarschall im Dienst des dänischen Königs stand. Es wird heute für Empfänge und als königliches Gästehaus genutzt.

Das **Palais Levetzau** (Christian VIII Palæ), einst in Händen des deutsch-dänischen Grafen Christian Friedrich Raben-Levetzau, beherbergt nun das Schlossmuseum. Es widmet sich der Geschichte des dänischen Könighauses in den letzten 150 Jahren. Nicht immer zugänglich ist die Beletage (Mai–Aug. tgl., Okt.–April Sa), denn die klassizistisch gestalteten Prunksäle, darunter der riesige Galasaal, dienen nach wie vor königlichen Repräsentationszwecken. Zum Hafen hin begrenzt der Park Amaliehaven die

💬 WACHABLÖSUNG

Weilt die Königin auf Schloss Amalienborg, wird sie von ihrer Leibgarde vor möglichen Attacken geschützt. Die hoch aufragenden Bärenfellmützen der Wachsoldaten ähneln denen ihrer britischen Kollegen, gekleidet sind sie in schmucke blau-rot-weiße Uniformen. Pünktlich um 11.30 Uhr setzt sich die Truppe, in Begleitung einer Marschmusik spielenden kleinen Militärkapelle, von Schloss Rosenborg aus in Bewegung. Flott geht es weiter zum Kultovet, entlang der Købmagergade, der Østergade, um den Kongens Nytorv herum und die Bredgade entlang, dann nach rechts in die Frederiksgade und exakt um 12 Uhr auf den Amalienborger Schlossplatz. Nach einer kleinen Zeremonie mit exakten Schritten und zackigen Bewegungen ist die neue Wachmannschaft im Amt und übernimmt die nächste Schicht in den Wachhäuschen.

Anlage (Amalienborg Slotsplads, Tel. 3312 2186, www.amalienborg. dk, Mitte Juni–Mitte Sept. tgl. 10 bis 17, Mai–Mitte Juni und Mitte Sept. bis Okt. bis 16, Nov.–Mitte Dez. und Jan–April Di–So 11–16 Uhr).

KONGELIGE AFSTØBNINGS-SAMLING 14 J3

Die Königliche Abgusssammlung gehört zum Statens Museum for Kunst, das aus den königlichen Kunstsammlungen hervorging. Untergebracht ist sie im Vestindisk Pakhus, einem massiven Backsteinspeicher der Westindischen Handelsgesellschaft, die früher die dänischen Interessen in der Karibik wahrte. Zu bestaunen sind Tausende Gipsabgüsse von Statuen und Reliefs von etwa 2500 v. Chr. bis zur Zeit der Renaissance um etwa 1600. Einige der Abgüsse sind so wertvoll, weil die Originale längst beschädigt oder zerstört sind (Toldbodgade 40, Tel. 3374 8484, www.smk.dk, Di–So 11–17, Mi bis 20 Uhr).

FREDERIKS KIRKE 15 5 J3

Vom Schlossplatz aus ist die Sichtachse zur Frederikskirche gut auszumachen. Die Barockkirche mit der mächtigen kupferverkleideten Kuppel zieht die Blicke auf sich und

Aus der himmelwärts strebenden Kuppel der Frederikskirche grüßen die zwölf Apostel

erinnert an ihr Vorbild, den Peters-
dom im Rom. Dabei wäre die Kirche fast unvollendet geblieben,
denn die aufwendige Konstruktion
und die von Frederik V. gewünschte
Ausführung in Marmor waren zu
kostspielig. Struensee › S. 57 stoppte
daher nach 20 Jahren die 1749 be-
gonnenen Bauarbeiten. Erst 1894
wurde die Kirche mit finanzieller
Unterstützung des Bankiers und In-
dustriellen Carl Frederik Tietgen
dann doch noch fertiggestellt, allerdings ein Drittel kleiner als geplant
und aus Sandstein. Dennoch blieb
im Volksmund der Name Marmorkirche erhalten.

Beeindruckend ist die von 12
Säulen getragene und begehbare
Kuppel, die in 46 m Höhe und mit
einer Spannweite von 31 m den
Zentralbau überwölbt. Auf der Ba-
lustrade um die Galerie stehen
Skulpturen sowohl von Moses als
auch von Martin Luther. Von oben
genießt man eine herrliche Sicht auf
Amalienborg und das umliegende,
im Schachbrettmuster angelegte
Viertel Frederiksstaden (Frederiks-
gade 4, Tel. 3315 0144, www.mar
morkirken.dk, Mo–Do, Sa 10–17,
Fr, So 12–17 Uhr, Kuppelführung
Mitte Juni–Aug. tgl. 13 Uhr).

ALEKSANDER NEVSKIJ
KIRKE 16 🔷 J3
Gleich um die Ecke spiegelt sich der
Kopenhagener Himmel in den drei
vergoldeten Zwiebeltürmchen der
russisch-orthodoxen Kirche. Ihren
Namen verdankt sie dem russischen
Fürsten Alexander Newski, der im
13. Jh. sowohl deutsche Kreuzritter

als auch Schweden schlug und später heiliggesprochen wurde. Der
russische Zar Alexander III. ließ
diese Kirche Ende des 19. Jhs. zu
Ehren seiner dänischen Frau Maria
Feodorovna, der früheren Prinzes-
sin Dagmar, aus rotem und grauem
Backstein errichten. Das Innere ist
überaus reich mit Ikonen ausgestattet (Bredgade 53, Tel. 3313 6046,
www.ruskirke.dk, Mo–Fr 10 bis
12 Uhr).

DESIGNMUSEUM
DANMARK 17 🔷 J3
Hier sind die Stilikonen des dänischen Designs › S. 64 zu Hause.
Schon der vom Hofarchitekten Nicolai Eigtved 1752 als Hospital entworfene Rokokobau ist eine wahre
Augenweide. Um 1920 verwandelte
Kaare Klint das Frederikshospital
ins Kunstindustriemuseum, aus
dem das Designmuseum hervorging. Damals wie heute sollten die
ausgestellten Objekte immer auch
als Inspiration für Hersteller von
Möbeln, Küchengeräten, Industrie-
produkten oder Schmuck dienen
und nicht bloß einer interessierten
Öffentlichkeit gezeigt werden.

In Dänemark spielen die Vertreter der klassischen Moderne, wie
Poul Henningsen, Arne Jacobsen
oder Verner Panton zwar eine zentrale Rolle, aber das Museum sammelt nicht nur dänische Klassiker:
Sitzmöbel wie Jacobsens Ameise,
oder Lampen wie Pantons Moon
Lamp und Henningsens Artichoke,
sowie Schmuckstücke und Uhren,
die Nana Nitzel für die Firma Jensen
entwarf. Weiterere Schwerpunkte

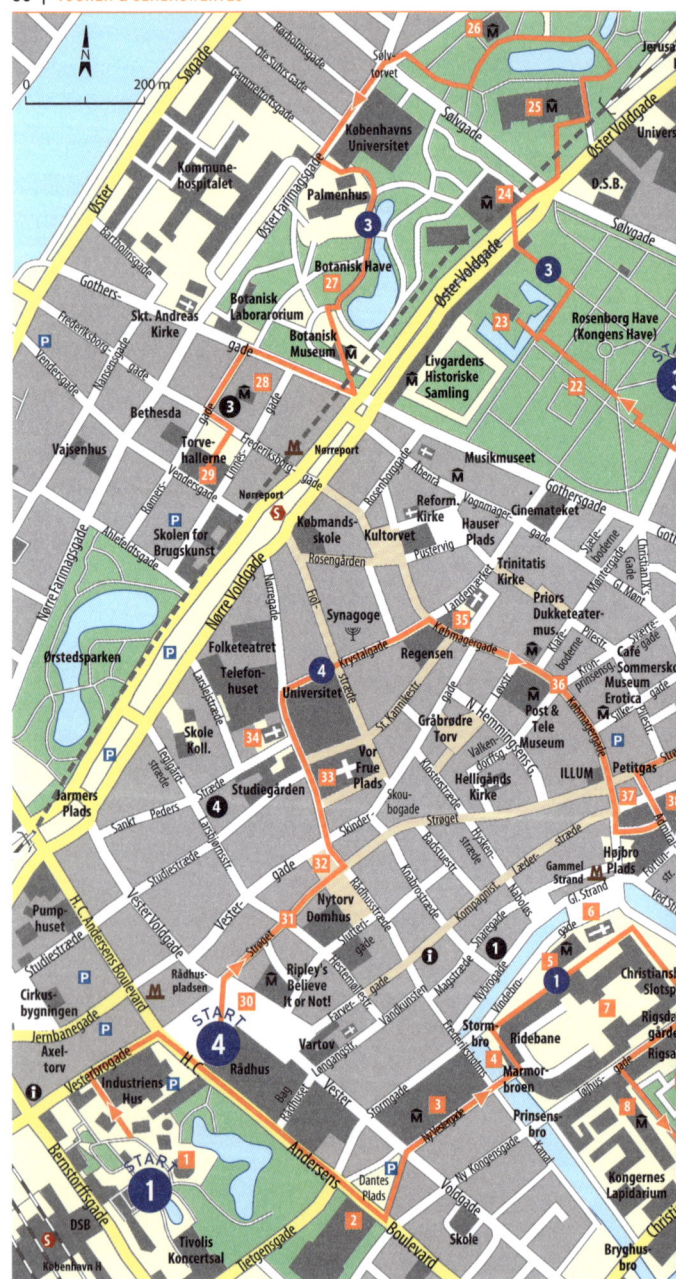

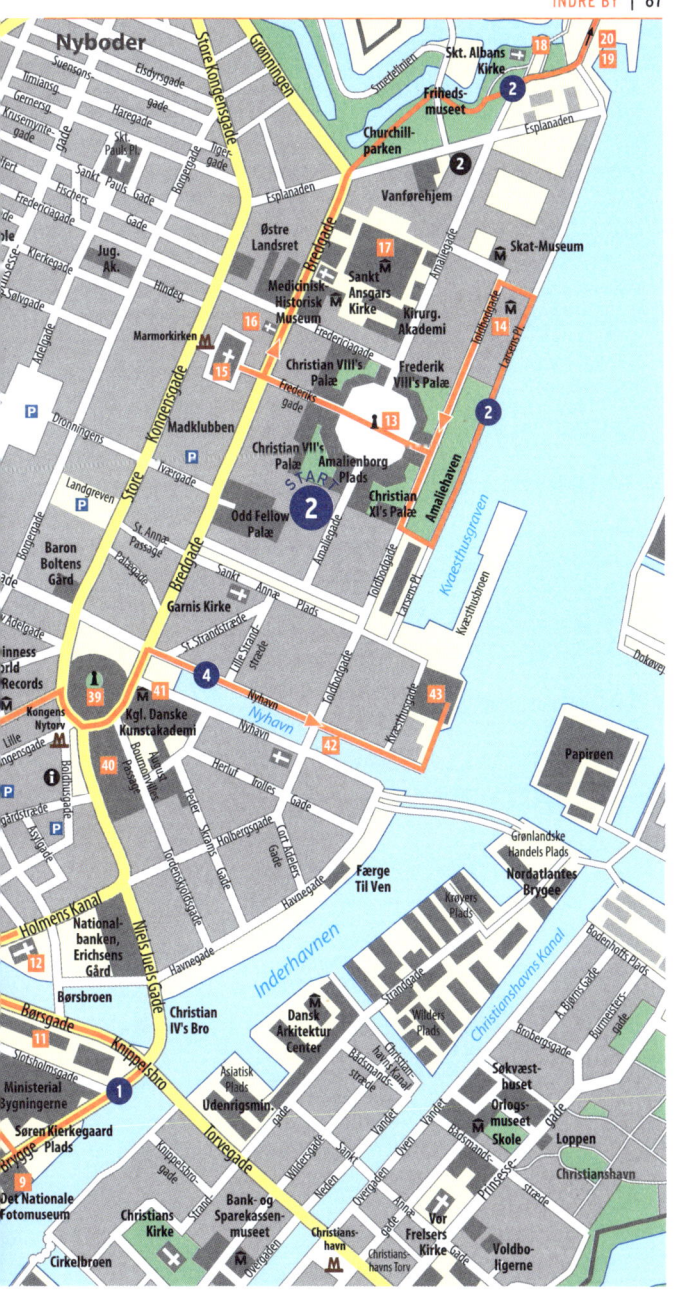

TOUREN IN INDRE BY

TOUR 1

VOM TIVOLI BIS SLOTSHOLMEN

1 Tivoli
2 Ny Carlsberg Glyptotek
3 Nationalmuseet
4 Frederiksholms Kanal
5 Thorvaldsens Museum
6 Slotskirken
7 Christiansborg Slot
8 Tøjhusmuseet
9 Kongelige Bibliotek
10 Dansk Jødisk Museum
11 Børsen
12 Holmens Kirke

TOUR 2

DURCH FREDERIKSSTADEN

13 Amalienborg Slot
14 Kongelige Afstøbningssamling
15 Frederiks Kirke
16 Aleksander Nevskij Kirke
17 Designmuseum Danmark
18 Gefionspringvandet
19 Lille Havfrue
20 Kastellet

TOUR 3

DURCH PARKANLAGEN UND MUSEEN

21 Davids Samling
22 Rosenborg Have
23 Rosenborg Slot
24 Geologisk Museum
25 Statens Museum for Kunst
26 Hirschsprungske Samling
27 Botanisk Have
28 Arbejdermuseet
29 Torvehallerne

TOUR 4

QUER DURCH DAS ZENTRUM

30 Rådhuspladsen
31 Strøget
32 Gammeltorv
33 Vor Frue Kirke
34 Sankt Petri Kirke
35 Rundetaarn
36 Købmagergade
37 Amagertorv
38 Nikolaj Kunsthal
39 Kongens Nytorv
40 Det Kongelige Teater
41 Ravhuset
42 Nyhavn
43 Skuespilhuset

des Museums liegen bei der Mode von der Renaissance bis zur Gegenwart, japanischem Kunstgewerbe, mittelalterlichem Handwerk, französischen Jugendstilpostern und polnischen Plakaten. Auch Porzellan des 18./19. Jhs. aus über 100 europäischen Manufakturen gehört zu den Schätzen der Sammlungen. Der Museumsshop erweist sich als Fundgrube für hübsche Designerstücke. Und das Museumscafé Klint bietet, bei Sommerwetter im Garten, Snacks, Kuchen und ausgezeichneten Kaffee. Es ist auch ohne eine Eintrittskarte zugänglich (Bredgade 68, Tel. 3318 5656, www.designmuseum.dk, Di–So 10–18, Mi bis 21 Uhr).

ZWISCHENSTOPP: RESTAURANT

Eine gute Adresse, um während der Tour einzukehren, ist das Restaurant **Esplanaden 48** ❷ €€ J3, wo Søren Lützen, ein Meister der dänischen Küche, köstliche Mittagsgerichte zaubert.

• Amaliegade 49 | Tel. 3311 2288
www.esplanaden48.dk
Sa/So geschl.

GEFIONSPRINGVANDET 18 ◨ J3
Eine resolute Lenkerin von vier
mächtigen Bullen krönt den Gefi-
onbrunnen zwischen dem breiten
Wassergraben des Kastells und dem
Innenhafen. Das Figurenensemble
auf den sprudelnden Wasserspielen
illustriert die Gründungssage der
Insel Seeland. Der Göttin Gefion
war vom Herrscher Schwedens so-
viel Land versprochen worden, wie
sie in einer Nacht umpflügen könnte. Und so verwandelte sie ihre vier,
mit einem Riesen gezeugten Söhne
kurzerhand in kraftvolle Bullen, mit
deren Hilfe sie nachts eine riesige
Fläche Land unter den Pflug nahm.
So wurde Seeland, die größte Insel
Dänemarks, in einem gewaltigen
Kraftakt in nur einer Nacht geschaf-
fen. Eine magische Kraft scheinen

viele Stadtbesucher auch heute noch
der Göttin und ihrem Brunnen zu-
zutrauen. Das lassen zumindest die
vielen Münzen auf dem Grund ver-
muten, die verbunden mit guten
Wünschen hineingeworfen wurden
(Churchillparken).

LILLE HAVFRUE 19 ⭐ 6 ◨ K2
Am Nordre Toldbod entlang und
am kleinen Langelinie-Park vorbei
erreicht man einen der größten Be-
suchermagneten und das Wahrzeichen von Kopenhagen. Den Lille
Havfrue ist selten allein – aber immer einsam. Die kleine Meerjungfrau, die direkt vor der Promenade
auf einem Stein im Wasser sitzt,
sehnt sich seit mehr als 100 Jahren
vergeblich nach ihrem Prinzen. Die
nur 125 cm große Bronzefigur fer-
tigte der Bildhauer Edvard Eriksen
1913 im Auftrag von Carl Jacobsen,
dem Erben der Carlsberg-Brauerei,
nach einem traurigen Märchen von

Anders Bundgaard schuf 1908 den Gefion-Brunnen

Statt abweisender Festungsmauern rahmen schmucke Grünanlagen das Kastellet

H. C. Andersen. Seitdem bezaubert sie die Besucher aus aller Welt. Allerdings wird sie auch häufig ein Opfer von Vandalismus (Langelinie). › mehr S. 17 Punkt **35**

Übrigens, eine wild verfremdete **Genmodifizierte kleine Meerjungfrau,** die der dänische Künstler Bjørn Nørgaard schuf, überrascht Besucher etwas weiter nördlich am Anleger für Kreuzfahrtschiffe (Langelinie Allé 17).

KASTELLET **20** ∎ J2/3

Der Weg zur alten Festungsanlage nördlich von Frederiksstaden führt einige Meter am idyllischen Burggraben entlang, den schließlich eine schmale Brücke überquert. Das von grasbewachsenen Wällen geschützte Kastellet ließ Christian IV. 1626 anlegen. Die fünfeckige Schanze sollte die Stadt zusätzlich nach Osten sichern, denn nach dem Verlust von Schonen an die Schweden hat-

---

💬 **DÄNISCHES KÖNIGSHAUS**

Margrethe II. (geb. 1940), seit 1972 Königin der Dänen, entstammt dem Haus Glücksburg, das nach Aussterben der älteren Königslinie des Hauses Oldenburg mit Christian IX. 1863 auf den dänischen Thron gelangte. Die meisten Dänen hegen eine tiefe Zuneigung zu ihrem royalen Staatsoberhaupt, aller demokratischen Traditionen zum Trotz. Doch Margrethe II. ist bei Weitem die beliebteste politische Person des Landes. Ihre direkte unkomplizierte Art, auf die Menschen zuzugehen, kommt an. Sicher trägt auch ihr unkonventionelles Benehmen – sie ist eine berüchtigte Kettenraucherin und kleidet sich gern auffällig bunt – zu ihrer Popularität bei. Ebenfalls beliebt sind Kronprinz Frederik und seine australische Frau Mary, die vier Kinder haben und damit die Thronfolge sichern (www.kongehuset.dk).

ten sich diese bis ans gegenüberliegende Ufer des Öresunds ausgebreitet. Einige Gebäude werden noch vom dänischen Militär genutzt, der größte Teil ist als Erholungsgebiet beliebt (Gl. Hovedvagt, Kastellet 1, Tel. 7284 0000, www.kastellet.info, tgl. 6–22 Uhr).

TOUR 3

DURCH PARKANLAGEN UND MUSEEN

VERLAUF: Davids Samling › Rosenborg Have › Rosenborg Slot › Statens Museum for Kunst › Den Hirschsprungske Samling › Botanisk Have › Arbejdermuseet › Torvehallerne

KARTE: Seite 86
DAUER: 5–6 Std. (mit Besichtigungen), 3,5 km
PRAKTISCHE HINWEISE:
- Montags sind die meisten der vielen Museen auf dieser Tour geschlossen.
- Mittwochabends haben die meisten Kunstmuseen länger geöffnet.
- Kulturfreunden sei der Kauf eines günstigeren Kombitickets für alle sechs Parkmuseen empfohlen.
  › S. 94
- Wer die eine oder andere Sammlung auslässt, wird einen sehr schönen und kulturvollen Spaziergang durch einige der beliebtesten Parkanlagen Kopenhagens erleben.

TOUR-START:
DAVIDS SAMLING 21 ⏷ H3
In der vornehmen Kronprinsessegade mit ihren klassizistischen Häusern vom Beginn des 19. Jhs. steht ein bedeutendes Kunstmuseum, das aus der Privatsammlung des Rechtsanwalts Christian Ludvig David hervorging, der sie der Öffentlichkeit zugänglich machte. Bilder des Goldenen Zeitalters in Dänemark sind zu bewundern, von Eckersberg und Kollegen, außerdem Keramiken, Geschirr, Silber, Möbel. Als besonderer Schatz gilt allerdings die umfassende Sammlung islamischer Kunst mit kostbaren Fayencen, Handschriften und Schmuckstücken, deren Herkunft vom 7. bis 19. Jh. und von Spanien bis nach Indien reicht (Kronprinsessegade 30, Tel. 3373 4949, www.davidmus. dk, Di–So 10–17, Mi bis 21 Uhr).

ROSENBORG HAVE 22 ⏷ H3/4
Durch einen der Zugänge in der Kronprinsessegade gelangt man in den königlichen Garten, der Rosenborg Have oder **Kongens Have** genannt wird. Weite Rasenflächen, schattenspendende Bäume, die symmetrisch-ornamentale Renaissanceanlage **Krumspringet** ⭐ mit langen Spalieren und einem duftenden Rosengarten: Kein Wunder, dass Christan IV. sich zu Beginn des 17. Jhs. gern hier aufhielt. Ein Teil der weitläufigen Anlage war früher außerdem für den Anbau von Gemüse und Kräutern reserviert, die von der Hofküche benötigt wurden. Dem Leibarzt Christians VII. und Geheimen Kabinettsminister Stru-

ensee > S. 57, der wegen seiner Reformen beim herrschenden Adel verhasst war, verdanken es die Kopenhagener, dass der große Königsgarten Anfang der 1770er-Jahre der Öffentlichkeit zugänglich gemacht wurde. Heute nutzen jährlich rund 3 Mio. Besucher die ausgedehnten Rasenflächen zum Sonnenbaden oder für ein Picknick, lassen sich von den Blumenrabatten und den Krokusteppichen im Frühjahr inspirieren, lauschen den Konzerten oder toben, wenn sie noch etwas kleiner und jünger sind, auf dem großen **Spielplatz** mitten im Park. Hier darf man auf einem freundlichen Drachen reiten oder in einer Märchenwelt mit fantastischen Figuren herumtollen. In den Sommermonaten gibt es für die Kleinsten außerdem die unterhaltsamen Vorstellungen eines **Marionettentheaters** (www.marionetteatret.dk, Juni–Aug. Di–So, 14 und 15 Uhr) auf der Bühne im Pavillon an der Kronprinsessegade. Kasper und seine Kollegen sprechen zwar Dänisch, aber viele der kleinen Besucher aus anderen Ländern merken das nicht einmal und verfolgen das spannende Geschehen trotzdem gebannt mit offenem Mund. Das **Café Herkules** im gleichnamigen klassizistischen Pavillon serviert Kaffee, Eis und Kleinigkeiten zum Essen. Der Vorgängerbau, das Ende des 17. Jhs. erbaute »Blaue Haus«, diente der königlichen Familie für verschwiegene Essen, ohne die Anwesenheit ihrer Dienerschaft, und bot den adligen Gästen daher Raffinessen wie einen Speisefahrstuhl (Parkzugänge

Das Rosenborg Slot ist ein wahres

in Kronprinsessegade, Gothersgade, Sølvgade und durch das Schloss, http://parkmuseerne.dk, Mitte Juni bis Mitte Aug. 7–23, Mai–Mitte Juni und Mitte–Ende Aug. bis 22, Sept. bis 20, März/April und Okt./Nov. bis 18, Dez.–Febr. bis 16 Uhr).

ROSENBORG SLOT

 G/H3

Von der Parkanlage führt eine von zwei liegenden Löwen bewachte Fußgängerbrücke über den Schloss-

Schmuckkästchen für die Aufbewahrung der dänischen Kronjuwelen

graben auf die Halbinsel mit Schloss Rosenborg Die königliche Pracht, vor 400 Jahren von Christian IV. als Lustschloss in Auftrag gegeben, steht heute inmitten der Stadt. Im Renaissanceschloss, an dessen Bau niederländische Baumeister beteiligt waren, sind einige besondere Schätze versammelt. Der oben gelegene **Rittersaal** mit dem von drei Silberlöwen umrahmten Elfenbeinthron und dem Silberthron der Königin war bis 1840 in Gebrauch.

Seine Wände zieren zwölf flämische Gobelins mit erhebenden Motiven aus der dänischen Geschichte, wie den Siegen im Schonischen Krieg gegen Schweden Ende des 17. Jhs. Die Stuckdecke mit einer Prozession unterwürfiger Bürger stammt von etwa 1795. Im Erdgeschoss des Schlosses lagern auch die **Kronjuwelen** des Königreichs, neben den Königskronen, alle besetzt mit Diamanten, Rubinen, Perlen und Türkisen, eine Sammlung der wichtigsten Orden, dazu ein silbernes Trinkhorn aus dem 15. Jh. und ein 2600-teiliges Porzellanservice, dass eigentlich als Geschenk für Zarin Katharina die Große gedacht war, aber wegen ihres Todes in Kopenhagen blieb (Øster Voldgade 4 A, Tel. 3315 3286, www.rosenborg.dk, Mitte Juni–Mitte Sept. tgl. 9–18, Mai–Mitte Juni und Mitte Sept. bis Okt. tgl. 10–16, Nov.–April Di–So 10–15 Uhr).

GEOLOGISK MUSEUM 24 🎫 G/H3

Beim Überqueren der breiten und vielbefahrenen Øster Voldgade muss man vorsichtig sein. Aber auf der anderen Straßenseite residiert in einem dunkelroten Backsteinbau am Rande des Botanischen Gartens (s. u.) das Geologische Museum als Teil des **Statens Naturhistoriske Museum** (Naturhistorisches Museum Dänemark). Die umfangreiche Präsentation von Meteoriten gehört zu den besten der Welt. Beeindruckend sind zudem die vielen Fossilien, Mineralien und Kristalle. Entstanden ist die meist in Schaukästen und Vitrinen aufbereitete Sammlung aus Mitbringseln wissenschaftlicher Expeditionen. Doch Modernisierung und Umstrukturierung des Naturhistorischen Museums laufen und sollen bis 2020 abgeschlossen sein. Dann werden zoologische und geologische Sammlung zusammengeführt (Øster Voldgade 5–7, Tel. 3532 2222, http://snm.ku.dk, Di–So 10–16 Uhr).

STATENS MUSEUM FOR KUNST 25 🎫 G/H3

Der große beeindruckende Bau des Statens Museum for Kunst erhebt sich am Rande der Østre Anlæg, den zu einem Park umgestalteten früheren Kopenhagener Wallanlagen. Im größten Kunstmuseum des Landes sind alle dänischen und internationalen Künstler von Rang und Namen bei freiem Eintritt zu sehen. Das Museum vermittelt mit Gemälden, Skulpturen und Installationen einen exzellenten Überblick über die Kunst vom 14. Jh. bis zur

---

💬 **PARKMUSEEN**

Parkmuseen heißt eine Initiative der Stadt. Sechs Museen, meist durch Grünflächen wie den königlichen Park und den Botanischen Garten miteinander verbunden oder in unmittelbarer Nähe zueinander, lassen sich mit einem Ticket und bei einem Spaziergang durchs Grüne erkunden. Davids Samling mit seiner Kollektion asiatischer Kunst, das Filmhaus mit seiner Kinemathek, die Hirschsprungske Samling mit dänischer Kunst, das Renaissanceschloss Rosenborg mit den Kronjuwelen, das Geologisk Museum mit Fossilien und Meteoriten sowie das Statens Museum for Kunst mit dänischer und internationaler Kunst aus sieben Jahrhunderten gehören dazu (Kosten des Kombitickets 195 DKK/ca. 26 €, in allen beteiligten Museen erhältlich, Tel. 2552 7175, http://parkmuseerne.dk).

Im Neubau des Statens Museum for Kunst haben die Kostbarkeiten viel Platz

Gegenwart. Zu den Highlights gehören Werke von Pisano, Mantegna, Tiepolo, Cranach, Bruegel, Rubens, Munch, Nolde, Jorn, Richter oder Kirkeby. Beachtlich ist die Anzahl und Qualität der Arbeiten von Matisse sowie die wunderbare Kollektion aus dem dänischen Goldenen Zeitalters, darunter Bilder von Eckersberg, Købke, und die aktuelle Kunst aus Dänemark. Für Pausen ist das **Museumscafé** ideal.Bei Kaffee und Smørrebrød kann man aus den hohen Fenstern in die Parkanlagen blicken (Sølvgade 48, Tel. 3374 8494, www.smk.dk, Di–So 11–17, Mi bis 20 Uhr).

HIRSCHSPRUNGSKE
SAMLING 26 ⭐ 📘 G/H3

Ein kleiner Spaziergang durch die Parkanlagen von **Østre Anlæg,** vorbei an kleinen Teichen, einstigen Wallgräben, und schon hat man die Hirschsprungske Samling erreicht.

Wer sich mehr für die dänische Kunst des 19. und frühen 20. Jhs. interessiert, ist in dem fast intimen Ambiente des gut 100 Jahre alten klassizistischen Baus genau richtig. Neben dem Skagen Museum an der Nordspitze Jütlands gehört die Sammlung Hirschsprung in Kopenhagen zu den besten Orten, um den spannenden Aufbruch der dänischen Künstler in die Moderne nachzuvollziehen – von den Zeichnungen und Gemälden des Goldenen Zeitalters bis zu den Arbeiten der Skagenmaler rund 100 Jahre später. Sammler Heinrich Hirschsprung, Kopenhagener Tabakhändler und Zigarrenfabrikant, war befreundet mit Peder Severin Krøyer, dessen Landschaftsbilder und Porträts – vor allem von Skagen und seinen Fischern – besonders beeindruckend sind (Stockholmsgade 20, Tel. 3542 0336, www.hirschsprung. dk, Mi–So 11–16 Uhr).

BOTANISK HAVE 27 📖 G3

Südlich der vielbefahrenen Sølvgade liegt der Botanische Garten der Stadt. Der Botanisk Have existiert schon mehr als 400 Jahre, auch er erstreckt sich auf dem Areal der früheren Wallanlagen. Die Naturwissenschaftliche Fakultät der Universität von Kopenhagen unterhält hier Gewächshäuser, einige von ihnen können besichtigt werden, darunter Kakteen-, Orchideen- und Palmenhaus. Den Bau des Palmenhauses aus Glas und Gusseisen 1874 finanzierte der Brauer J. C. Jacobsen, weil er vom Crystal Palace in London so fasziniert war. Eigentlich blüht fast immer etwas in den verschiedenen Themengärten. Besonders schön ist der Rhododendrongarten im späten Frühling mit den überwältigenden Rot- und Weißtönen der Blüten.

Wer den Botanischen Garten im Sommer besucht, sollte auf die nostalgischen Lieferwagen achten, die frisch gebrühten Kaffee und leckere Sandwiches für die Pause im Grünen verkaufen (Øster Farimagsgade 2C, Tel. 3532 2222, http://snm.ku.dk, Park April–Sept. tgl. 8.30–18, Okt.–März tgl. 8.30–16, Palmenhaus April–Sept. tgl. 10–17, Okt. bis März Di–So 10–15 Uhr).

ARBEJDERMUSEET 28 📖 G3

Das Arbeitermuseum befindet sich im früheren Gewerkschaftshaus der Stadt. Die interaktive Dauerausstellung erfüllt den ehemaligen Versammlungsort der Arbeiter mit Leben. Kurzfilme und Touchscreens erläutern die Geschichte des Gebäudes und der Arbeiterbewegung. Verschiedene Wohnungen gewähren Einblick in die Lebensbedingungen der Arbeiterfamilien seit 1915. Für Kinder gibt es einen eigenen Bereich mit riesigen Puppen-

Das reiche Angebot macht die Torvehallerne zum Schlaraffenland

häusern und Klamotten zum Verkleiden. Dänischkenntnisse sind hier völlig unnötig.

Unter Denkmalschutz steht die Arbeiterkneipe **Cafe og Ølhalle 1892** im Souterrain, die u. a. Kaffee und Bier serviert (Rømersgade 22, Tel. 3393 2575, www.arbejdermuseet.dk, tgl. 10–16, Sept.–Juni Mi bis 19 Uhr).

TORVEHALLERNE 29 ▮ G4

Der Israels Plads war ein traditioneller Marktplatz. Vor wenigen Jahren wurde er mit den Torvehallerne in seinem nördlichen Teil wiederbelebt. In und um die überdachte Markthalle gibt es lauter Köstlichkeiten zu kaufen und zu essen. Die Preise an den über 60 Ständen sind mitunter happig, aber die Kopenhagener kaufen gern hier ein. Sie schätzen die angebotenen Delikatessen, wie etwa 160 Sorten Tee. › mehr **S. 18 Punkt** ❸❽ Sie verspeisen kleine Happen, cremige Torteletts, frische Biofrüchte oder auch Hotdogs deluxe. › mehr **S. 14 Punkt** ⓬ So wurde die Markthalle zu einem beliebten Treffpunkt (Frederiksborggade 21, www.torvehallernekbh.dk, Mo–Do 10–19, Fr 10–20, Sa 10–18, So/Fei 11–17 Uhr).

ZWISCHENSTOPP: RESTAURANT

Liebhaber veganer Kost müssen natürlich auch nicht darben, denn es gibt in Kopenhagen gute Alternativen, die wie **Green Burger** ❸ €€ ▮ G3 komplett auf den Einsatz von tierischen Produkten verzichten.
• Frederiksborggade 26
  Tel. 3336 3330 | greenburger.dk
  Tgl. 11–21 Uhr

TOUR 4

QUER DURCH DAS ZENTRUM

VERLAUF: Rådhuspladsen › Strøget › Gammeltorv › Vor Frue Kirke › Sankt Petri Kirke › Rundetaarn › Købmagergade › Amagertorv › Nikolai Kunsthal › Kongens Nytorv › Det Kongelige Teater › Ravhuset › Nyhavn › Skuespilhuset

KARTE: Seite 86
DAUER: 5 Std., 2 km
PRAKTISCHE HINWEISE:
• Es geht auf dem Strøget einmal quer durch die Innenstadt, mit Abstechern.
• Wegen des Baus der Metrolinie Cityringen (geplante Fertigstellung 2019) kommt es auf Rådhuspladsen und Kongens Nytorv zu Behinderungen.
• Diese Tour lässt sich bestens verbinden mit der Tour durch Frederiksstaden. › S. 81
• Sie sollten sich nicht gleich mit schweren Einkaufstüten belasten, sondern lieber später gezielt zurückkommen.

TOUR-START:
RÅDHUSPLADSEN 30 ▮ G5

Der große Rathausplatz ist Verkehrsknotenpunkt und Veranstaltungsort gleichzeitig. Passanten strömen zu Bahnhof oder Tivoli oder bummeln zum Einkaufen in den Strøget, der hier am Anfang offiziell eigentlich Frederiksberggade heißt. Mehrere Pølsevogn bieten Hotdogs feil. Auf dem Platz vor dem Rathaus finden große Konzerte und politische Demonstrationen statt. Auch bei Sportereignissen wie dem Copenhagen Marathon jedes Jahr im Mai liegt der Platz im Zentrum des Geschehens. Mittendrauf markiert ein 0-Kilometer-Stein den Punkt, von dem aus die Entfernungen der Hauptstadt zu anderen Orten oder Sehenswürdigkeiten in Dänemark gemessen werden. Einst befand sich an dieser Stelle das Westtor der mittelalterlichen Stadt.

Die imposanteste Erscheinung am Platz ist das **Rådhus**, das Kopenhagener Rathaus mit seinem seitlichen Turm. Es wurde 1892 bis 1905 in rotem Backstein und ohne jeden Stuck oder Säulenvorbauten errichtet. Dabei kann es leichte Ähnlichkeiten mit dem Rathaus von Siena in der Toskana nicht verleugnen, von dem sich der Architekt Martin Nyrop hatte anregen lassen. Über dem Haupteingang erinnert eine vergoldete Statue an den Stadtgründer Bischof Absalon. Der Rathausturm ist mit 105,6 m noch immer eines der höchsten Gebäude in Kopenhagen. Die Turmuhr zeigt weithin sichtbar die Zeit an, alle 15 Min. von einem Glockenspiel unterstützt. Die sehenswerte **Weltuhr** von Jens Olsen erreicht man von der Rathaushalle im Inneren. Insgesamt 27 Jahre arbeitete der Uhrmacher an seinem Wunderwerk, das nicht nur die korrekte Zeit in Kopenhagen, sondern auch die Zeiten in anderen Teilen der Welt, die Sternenläufe sowie die Daten des Gregorianischen und Julianischen Kalenders anzeigt (Rådhuspladsen 1, Tel. 3366 2586, www.kk.dk, Mo bis Fr 9–16, Sa 9.30–13 Uhr. Englische Führungen: Rathaus Mo bis Fr 13, Sa 10, Turm Mo–Fr 11 und 14, Sa 12 Uhr).

Der Rathausplatz wird von weiteren Backsteinbauten gerahmt, die im Baustil dem Rathaus ähneln, wie das Palace Hotel, das Politikens Hus, Sitz der gleichnamigen linksliberalen Zeitung, und das alte **Industriens Hus** mit seinem schlanken Turm, der als Wetterhäuschen viele Blicke auf sich zieht. Meist warten die Kopenhagener sehnsüchtig darauf, dass das vergoldete Mädchen mit dem Regenschirm in der einen Hand und dem Hund an der Leine in der anderen verschwindet und mit ihm das schlechte Wetter. › mehr S. 16 Punkt ㉙

Über den weiten Platz verteilen sich mehrere Monumente. Auf dem Drachenbrunnen kämpft seit über 100 Jahren ein ungebärdiger Stier mit einem ebenso wilden Drachen. Auf einem etwa 20 m hohen Podest blasen zwei Wikinger in bronzene Luren. Dabei gab es *lurblæserne* schon deutlich früher, vor mehr als 3500 Jahren. Das 2 m lange, s-förmige Instrument ähnelt im Klang einer Posaune. Auch ohne Ventile bringen geübte Spieler bis zu 15 Töne hervor. Und auf einem Sockel an der Straße neben dem Rathaus, Richtung Tivoli, sitzt der Schriftsteller Hans Christian Andersen in Bronze gegossen.

Der nördliche Teil des Platzes wird bis zur Einweihung der neuen Metrostation der Linie Cityringen 2019 noch einige Zeit mit Brettern vernagelt, Planen verhängt und Bauzäunen umstellt sein.

STRØGET 31 📕 G5–H4

»Shop till you drop«, kaufen bis zum Umfallen, hier passt der abgegriffene Werbespruch tatsächlich. Der »Strich« (Strøget) ist mit seinen 1,2 km eine der längsten Fußgängerzonen in Europa und zieht sich vom Rathausplatz bis zum Kongens Nytorv, gesäumt von Geschäften, Restaurants und Imbissen aller Art. Doch Strøget ist eigentlich nur ein Spitzname. Die offiziellen Namen der Straßen, die 1962 zunächst zu einem verkehrsberuhigten und später autofreien Einkaufsboulevard verbunden wurden, sind aber bei vielen in Vergessenheit geraten. Der Strøget besteht von West nach Ost aus Frederiksberggade, Nygade, Vimmelskaftet und Østergade. In seinem Verlauf quert er die brunnenverzierten Plätze Gammel- und Amagertorv, kreuzt die Købmagergade, die andere große Einkaufsstraße, und führt weiter zum Kongens Nytorv. Dabei ändert die Fußgängerzone allmählich ihr Gesicht. Nahe dem Rathausplatz findet man die eher günstigen Läden wie H & M oder Zara. In Richtung Kongens Nytorv steigen die Preise. Die Dichte der edlen und teuren Boutiquen internationaler Marken wie Max Mara, Louis Vuitton oder Hermès nimmt zu. Straßenmusiker, Jongleure und Zauberer sorgen für eine entspannte Atmosphäre und hoffen auf einen kleinen Obolus der Passanten.

GAMMELTORV 32 📕 G4/5

Die deutsche Übersetzung heißt schlicht »Alter Platz«. Aber das Publikum hier ist jung und trifft sich vorzugsweise am großen **Caritas-**

Leise plätschert der Caritasbrunnen auf dem Gammeltorv

brønden (1608). Der Brunnen wird gekrönt durch eine Schwangere, die, ein Kind im Arm und eines an der Hand, die Caritas (Fürsorge) symbolisiert. Nach links führt die Nørregade ins **Latinerkvarter,** das Studentenviertel mit Gebäuden der Universität, aber auch mit vielen Secondhandläden und Cafés.

VOR FRUE KIRKE 33 ▌ G4

In der Liebfrauenkirche, der 1829 im klassizistischen Stil wiedererbauten Kathedrale Kopenhagens, wurden Kronprinz Frederik und Mary 2004 getraut.

Der strenge Bau überzeugt im Innern durch Werke des dänischen Bildhauers Thorvaldsen: die überlebensgroßen Mamorstatuen der zwölf Apostel im Hauptschiff, die den Altar krönende Christusfigur, die sich mit versöhnlicher Geste den Gläubigen zuwendet, und der Engel mit dem Taufbecken (Nørregade 8, Tel. 3315 1078, www.dom kirken.dk, Mo–Do, Sa 8.30–17, Fr 8.30–10.30 und 12–17, So 12 bis 16.30 Uhr).

SANKT PETRI KIRKE 34 ▌ G4

In der gotischen Kirche gegenüber der Universität wird häufig in Deutsch gepredigt. Frederik II. überließ den Backsteinbau bereits 1586 der deutschen Gemeinde in der Stadt. Sehenswert sind vor allem die für Nordeuropa einzigartigen Grabkapellen, die bis in die Barockzeit zurückreichen (Larslejsstræde 11, Tel. 3313 3833, www.sankt-pet ri.dk, April–Sept. Mi–Sa 11–15, Gottesdienst So 11 Uhr).

ZWISCHENSTOPP: BÄCKEREI

Kopenhagens älteste Bäckerei, die **Sankt Peders Bageri** ❹ € ▌ G4 ist bekannt für ihre leckeren Zimtschnecken, die jeden Mittwoch frisch gebacken werden.

- Sankt Peders Stræde 29
  Mo–Fr 7–17, Sa 8–13 Uhr

RUNDETAARN 35 ⭐ 8 ▌ G4

Frisch gestärkt geht es über die Krystalgade bis zur Købmagergade. Gleich rechts öffnet sich die Straße zu einem kleinen Platz und da steht der 36 m hohe und mächtige Rundetaarn. Ursprünglich ließ Christian IV. den Runden Turm 1642 als Observatorium errichten, das noch immer funktioniert. Es öffnet, wann immer der Nachthimmel und die Sternenläufe den Hobbyastronomen etwas Spannendes zu bieten haben. Ansonsten finden im Turm regelmäßig Ausstellungen und Konzerte statt.

Nicht verpassen darf man die Aussicht vom Turm. Den breiten und 209 m langen Wendelgang nach oben soll der russische Zar Peter I., wohl um einer jungen Kopenhagenerin zu imponieren, einst mit der Kutsche hinaufgeprescht sein. Heute geht man die stufenlose, allmählich ansteigende Schräge zu Fuß hinauf. Für die Mühen wird man oben durch den herrlichen Ausblick über die Dächer der Altstadt belohnt (Købmagergade 52A, Tel. 3373 0373, www.rundetaarn. dk, Mai–Mitte Sept. tgl. 10–20, Mitte Sept.–April Di/Mi 10–21 und Do bis Mo 10–18 Uhr, Observatorium je nach Himmelsereignissen, Termine auf der Website).

Die bunte Designerwelt von ILLUM ist der beste Ort für einen ordentlichen Kaufrausch

KØBMAGERGADE 36 📖 G/H4

In der Straße, wo sich früher die Schlachterläden aneinanderreihten und ihre Schweinekoteletts verkauften, lässt sich heute gepflegt bummeln und shoppen. Es locken außer der riesigen Arnold-Busck-Buchhandlung diverse Boutiquen, nette Cafés und die Eisdiele Paradis Is (Nr. 58, www.paradis-is.dk, tgl. 11 bis 22 Uhr). Dazu kommen internationale Ketten wie Esprit, Vans, Abercrombie & Fitch und Diesel.

AMAGERTORV 37 ⭐ 📖 H4

Auch die Stimmung auf dem Amagertorv ist heiter und gelassen, wenn das Wetter stimmt. Aber besonders turbulent geht es am **Storchenbrunnen** (1894) auf dem Platz zu, wenn die Schüler hier nach dem erfolgreichen Schulabschluss ihre nassen Spiele treiben oder frisch verheiratete Brautpaare im Angesicht der Störche, die in Wirklichkeit Reiher sind, mit einem Glas Champagner auf ihre gemeinsame Zukunft anstoßen.

Die Ecke Strøget und Købmagergade beherrscht das vierstöckige Kaufhaus von **ILLUM.** Die imposante Designerwelt führt eine große Auswahl dänischer Artikel des täglichen Gebrauchs in Haushalt und Küche sowie angesagte Modemarken aus Dänemark, schrille Schuhe und geschmackvolle Möbel (Østergade 52, Tel. 3314 4002, www.illum.dk, tgl. 10–20 Uhr).

Der Amagertorv geht nach Süden in den **Højbro Plads** über. Hier zeigt sich der Stadtgründer Absalon auf einem Podest nicht als würdevoller Bischof, sondern als kämpferischer Gotteskrieger, hoch zu Ross mit einer Streitaxt in der Hand. Dabei behält er Christiansborg auf der gegenüberliegenden Seite des Frederiksholms Kanals fest im Blick.

NIKOLAJ KUNSTHAL 38 ◫ H4

Ein kleiner Schlenker führt zu einem ungewöhnlichen Ausstellungsgebäude. Sein äußeres Erscheinungsbild mit dem neobarocken, 90 m hohen Turm verweist noch deutlich auf die frühere Funktion als Kirche. Heute finden im ehemaligen Gotteshaus beachtliche Installationen zeitgenössischer Kunst und gelegentlich Konzerte statt (Nikolaj Plads 10, Tel. 3318 1780, www.niko lajkunsthal.dk, Di–Fr 12–18, Sa/So 11–17 Uhr).

KONGENS NYTORV 39 ◫ H4

Der Strøget endet fulminant am Kongens Nytorv. Markante Gebäude prägen den verkehrsreichen Platz, darunter das alte königliche Theater, das Hotel d'Angleterre und das ehrwürdige **Magasin du Nord**. Das erste und immer noch größte Kaufhaus ganz Skandinaviens breitet seine Waren auf fünf Etagen aus. Diverse Designklassiker, Herren-, vor allem aber Damenmode, Haushaltswaren, Bücher, Kosmetik und eine formidable Auswahl an Lebensmitteln, darunter viel aus nachhaltiger Produktion, machen das Einkaufen hier zum wahren Vergnügen (Kongens Nytorv 13, Tel. 3311 4433, www.magasin.dk, tgl. 10–20 Uhr).

Der Kongens Nytorv, in dessen Mitte sich das majestätische Reiter-

Bischof Absalon, hoch zu Ross, schreckt die Passanten auf dem Højbro Plads nicht

Die Bernsteinschätze im Ravhuset sind kostbar wie Gold

standbild Christians V. erhebt, bleibt noch bis zur Fertigstellung der Metrolinie Cityringen, die für das Jahr 2019 geplant ist, eine Großbaustelle.

DET KONGELIGE TEATER 40 📖 H4

Das Dänische Staatstheater, das im Jahr 1748 errichtet und später weitgehend umgebaut wurde, beeindruckt mit barockem Interieur, mit festlichen Kristallleuchtern und rotem Samt, mit Statuetten goldener Engel und Fresken an den hohen Decken. Alte Bühne, Gamle Scene, nennen die Kopenhagener dieses Theater liebevoll. Seitdem das moderne Schauspielhaus › S. 104 und das neue Opernhaus › S. 107 an den einander gegenüberliegenden Ufern des Innenhafens errichtet wurden, gibt es auf der Alten Bühne vor allem Ballettaufführungen zu sehen, die sich auf höchstem Niveau auch ohne Dänischkenntnisse bestens verfolgen lassen. Die Geschichte des Königlich dänischen Balletts geht bis ins 18. Jh. zurück, es unterhält eine der weltweit renommiertesten Ballettschulen (Kongens Nytorv 9, Ticket-Tel. 3369 6969, https://kgl teater.dk).

RAVHUSET 41 📖 H/J4

Beim Ravhuset beginnt eigentlich schon der Nyhavn. Im historischen Kanneworffs Haus von 1606 kommen Freunde des Bernsteins auf ihre Kosten. Das kleine Bernsteinmuseum gehört zum großen Juweliergeschäft, das Bernsteinschmuck in vielen Variationen zum Kauf anbietet. In der Ausstellung kann man mehrere, vor vielen Tausend Jahren in Harz eingeschlossene Insekten und auch den im Guiness Buch der Rekorde dokumentierten größten je gefundenen Bernstein der Welt, einen 47,5 kg schweren Brocken aus Sumatra bewundern (Kongens Nytorv, Nyhavn 2, Tel. 3311 6700, www.houseofamber.com, Mai bis Sept. tgl. 9–19.30, Okt.–April tgl. 10–17.30 Uhr).

NYHAVN 42 ⭐ 📖 J4

Der Neuer Hafen wurde im 17. Jh. von König Christian V. angelegt, damit die großen Handelssegler ihre Güter hier löschen konnten. Die Kopenhagener Kaufleute unterhielten hier teils Kontore und kleine Warenlager. Die bunten Häuserzeilen stammen aus dem 18. und 19. Jh. Der Hafen erwies sich schnell als zu klein und flach, für die Dampfschifffahrt war er vollkommen ungeeignet. Allmählich entstand das erste Rotlichtquartier der Stadt, mit Kneipen für Hartgesottene, käuflicher Liebe und traditionellen Tattookellern. Die Nähe zum Theater zog auch einige Künstler an, u. a. wohnte und arbeitete Hans Christian Andersen hier in den Häusern Nr. 18, 20 und 67.

Seit der Nyhavn Ende des 20. Jhs. aufgehübscht und zur Fußgängerzone umgestaltet wurde, entwickelte er sich zur beliebten Adresse, um den Tag ausklingen zu lassen, sich bei Bier und Hering oder anderen Köstlichkeiten in einer der Bars oder Restaurants zu treffen und die Abendsonne zu genießen oder einfach nur herumzuschlendern. Entlang der Kaimauern reihen sich Tische und Stühle dicht aneinander. Die Nordseite profitiert noch von den Sonnenstrahlen, wenn die Südseite längst im Schatten versinkt.

Zwar liegen auch heute noch Schiffe im Hafen, aber die meisten dienen als Cafés oder Restaurants. Heute tuckern vor allem Ausflugsboote vom Anleger Kongens Nytorv durch den Nyhavn, beladen mit Besuchern auf **Kanal- und Hafen-rundfahrt** (April–Okt. Strömma, Tel. 3296 3000, www.stromma.dk, Netto-Bådene, Tel. 3254 4102, www.havnerundfart.dk/canaltours,).

Besonders stimmungsvoll ist es hier in der Adventszeit., wenn am 13. Dezember, dem **Luciatag**, nachmittags ab 15 Uhr Hunderte mit brennenden Luciakerzen feierlich geschmückte Kajakfahrer den Nyhavn entlangpaddeln und sowohl von den Akteuren als auch den Zuschauern traditionelle Lieder gesungen werden (Tel. 2288 4989, www.kayakrepublic.dk).

SKUESPILHUSET 43 📖 J4

Im 2008 errichteten Schauspielhaus, dem Skuespilhuset, werden auf drei Bühnen vor allem Theaterstücke in dänischer Sprache aufgeführt. Auch die Architektur des dänischen Büros Lundgaard & Tranberg ist sehenswert. Das kantige Gebäude ragt weit in den Innenhafen vor. Die Uferpromenade zwischen Nyhavn und Langelinie führt wie ein breiter Steg mit Eichenholzplanken um den großflächig verglasten Baukubus herum. Das hell erleuchtete Foyer strahlt abends über das Wasser. Glücklicherweise sind Cocktailbar, Café und Restaurant Ofelia auch ohne Theaterticket zugänglich. Da bietet es sich an, die Stadtbesichtigung bei Tee oder Kaffee, Saft oder einem Bier der Mikrobrauerei Skans und bestem Ausblick über den Innenhafen zu beenden. Tagsüber sind natürlich die Sonnenplätze auf den Eichenplanken heiß begehrt (Sankt Annæ Plads 36, Ticket-Tel. 3369 6969, https://kglteater.dk).

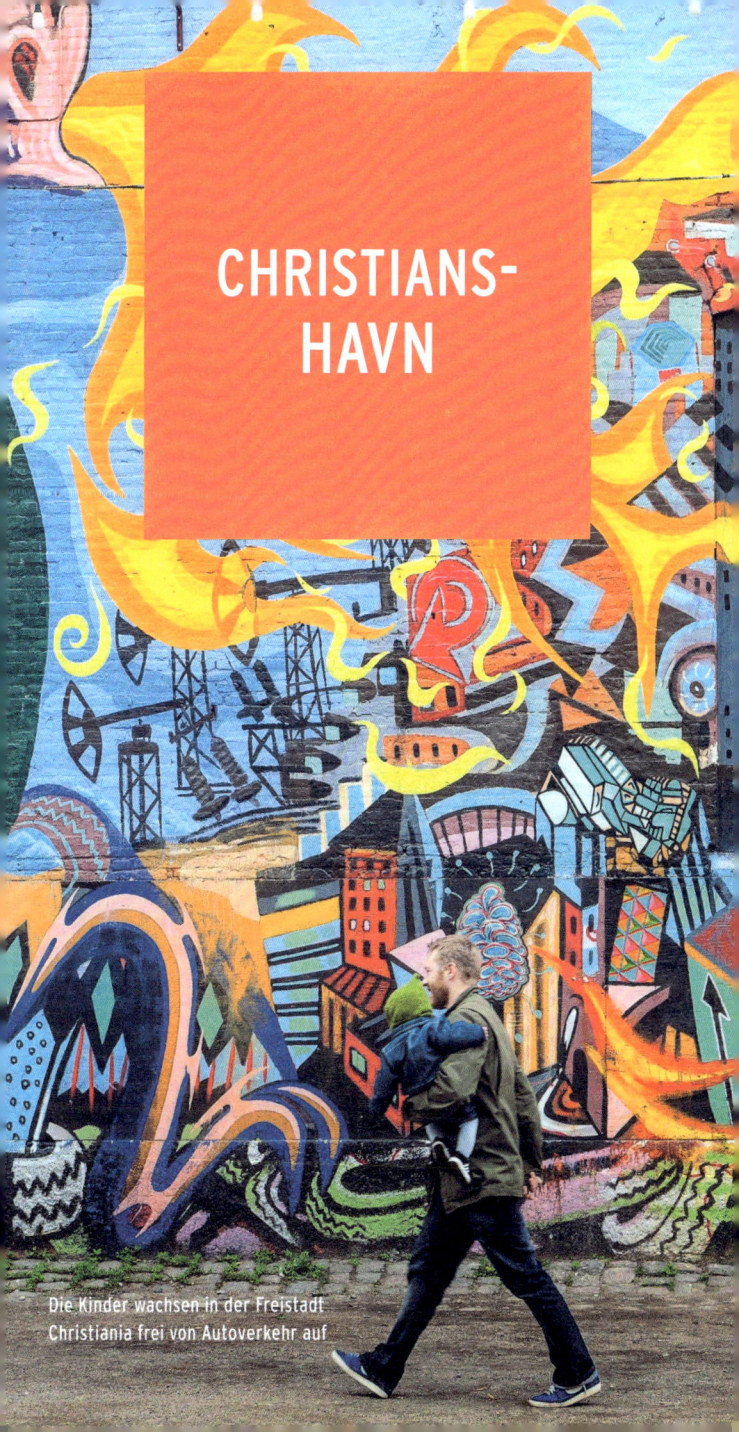

CHRISTIANS-HAVN

Die Kinder wachsen in der Freistadt
Christiania frei von Autoverkehr auf

Südlich vom Inderhavn oder Inneren Hafen liegt Christianshavn mit historischen Häusern, neuen Brücken, romantischen Kanälen, attraktiven Neubauten und der Freistadt Christiania – lebendig und entspannt.

Erst zu Beginn des 17. Jhs. breitete sich Kopenhagen wesentlich nach Süden aus. Christianshavn heißt das Stadtquartier, das der baufreudige Monarch Christian IV. mit Steuererleichterungen für Investoren ankurbelte und auf einer künstlich angelegten und von zahlreichen Kanälen durchzogenen Insel errichten ließ. Christianshavn wurde mit Erdwällen und Wassergräben befestigt, um Kopenhagen gen Süden abzusichern. Das ehemalige Viertel der Hafenarbeiter und kleinen Leute entwickelte sich zu einem beliebten Szenequartier, mit vielen Hausbooten, netten Kneipen und Cafés – die auch oft hübsch auf und am Wasser

liegen –, sowie der Freistadt Christiania, dem inzwischen geduldeten alternativen Wohnviertel, das Hausbesetzer 1971 auf einem leer stehenden Militärgelände an den alten Befestigungsanlagen gründeten.

Seit mehreren Jahren, forciert durch die im Jahr 2000 eröffnete Öresundbrücke, greift Kopenhagen wieder mit Macht nach Süden aus. Die alten Hafenanlagen jenseits des Innenhafens sind inzwischen überflüssig, neues Leben zieht ein. Viele speziell für Fußgänger und Fahrradfahrer errichtete Brücken überspannen die Kanäle und sorgen für eine bessere Anbindung von Christianshavn an die Innenstadt. Das

Das königliche Opernhaus überzeugt auch auf den Außenplätzen am Innenhafen

Quartier befindet sich im Umbruch vom schmuddeligen Industrie- zum angesagten Büro- und Wohnviertel. Die Zwischennutzung der teils riesigen Lagerhallen, die früher vom Hafengewerbe benötigt wurden, ist kreativ und wechselt oft, etwa auf den Inseln Papirøen und Refshaleøen. Am Innenhafen genießen Menschen in Liegestühlen die Son-

ne und eine frische Brise oder lassen ihre Füße von der Kaimauer ins kühle Wasser baumeln. Inzwischen zieht sich die gepflegte Uferpromenade von Christianshavn weiter nach Süden bis Islands Brygge.

Noch weiter südlich entsteht mit Ørestad ein völlig neues Stadtviertel › S. 135 auf dem westlichen Teil der Insel Amager.

TOUR IN CHRISTIANSHAVN

SÜDLICH DES INNENHAFENS

VERLAUF: Operahus › Nordatlantens Brygge › Dansk Arkitektur Center › Christians Kirke › Christianshavns Kanal › Vor Frelser Kirke › Christiania

KARTE: Seite 111
DAUER: 4–5 Std., knapp 4 km
PRAKTISCHE HINWEISE:
- Allein in Christiania könnte man sich mehrere Stunden aufhalten. Also sollte man inklusive kleiner Pausen genügend Zeit einplanen.
- In der Freistadt Christiania ist Fotografieren nicht überall erlaubt, verboten ist es auf der Pusherstreet.
- Schilder weisen auf die in Christiania geltenden Regeln hin.

TOUR-START:
OPERAHUS 1 ▮ K4
Das königliche Opernhaus ist eine Oper der Superlative, bei der nicht gekleckert, sondern geklotzt wurde. Der dänische Architekt Henning Larsen verschaffte Kopenhagen damit ein neues Wahrzeichen. Neun Stockwerke hoch erhebt sich das mit Glas und gelbem Jurakalkstein verkleidete Gebäude mit dem weit ausladenden Dach, dazu kommen noch einmal fünf unterirdische Geschosse mit insgesamt 41 000 m² Grundfläche. Im Foyer kam sizilianischer Perlatinomarmor zum Einsatz, die Rückwand des Auditoriums ist ahorngetäfelt, an der Decke wurden 1,5 kg Blattgold verarbeitet. Der berühmte Kopenhagener Maler, Bildhauer und Architekt Per Kirkeby schuf vier Bronzereliefs, und auch der dänisch-isländische Künstler Olafur Eliasson leistete einen Beitrag zur Innenausstattung. › mehr S. 16 Punkt **30**

Rund 335 Mio. Euro kostete das Ganze, ermöglicht durch eine entsprechende Spende des reichsten Dänen A.P.-Møller und seiner A.P.-Møller-und-Chastine-McKinney-Møller-Stiftung. Das Opernhaus wurde der Stadt zwar als Schenkung überlassen, bleibt allerdings durch die hohen laufenden Kosten eine kostspielige Angelegenheit. Wenigstens sind die Vorstellungen fast immer ausverkauft, obwohl allein die Hauptbühne 1400 Sitzplätze hat. Abgesehen von den Darbietungen der Starsängerinnen und -sänger sowie erstklassigen Orchestermusikern lohnt sich ein Besuch des Restaurants mit seiner Dachterrasse, die phänomenale Blicke hinüber auf Schloss Amalienborg und die Marmorkirche eröffnet. Die Besucher gelangen mit Opernshuttles, Wasserbussen, Hafenfähren und über Brücken zur Oper (Ekvipagemestervej 10, Ticket-Tel. 3369 6969, www.kglteater.dk).

NORDATLANTENS BRYGGE
2 📘 J4/5

Über den großen Hafenspeicher des Nordatlantikkontors wurde jahrelang der Handel Dänemarks mit den Faröer Inseln, Grönland sowie Island abgewickelt. Zwar dreht sich im Nordatlantens Brygge noch immer alles um die dänischen Niederlassungen und Partner im Nordatlantik, aber jetzt spielt Kultur die Hauptrolle. Es geht um Ausstellungen, vor allem von Gegenwartskunst, Filme, Konzerte und Seminare. Außerdem residieren hier die Isländische Botschaft sowie die diplomatischen Vertretungen der Faröer Inseln und Grönlands, die im Westnordischen Rat zusammenarbeiten. Im kleinen Café kann man wunderbar eine Pause einlegen, mit Blick auf den geschäftigen Nyhavn gegenüber (Strandgade 91, Tel. 3283 3700, www.nordatlantens.dk, Mo–Fr 10–17, Sa/So 12–17 Uhr).

Die lang gezogene, sehr elegant geschwungene **Inderhavnsbroen** 📘 J4, die neue Fahrrad- und Fußgängerbrücke über den Innenhafen, verbindet Nyhavn und Nordatlantikhaus. Wenn Schiffe passieren wollen, werden die Mittelteile der Konstruktion erst zurück- und später wieder vorgeschoben. Die Kopenhagener nennen sie aufgrund der sich anbietenden Assoziationen »Kyssebroen« (Kussbrücke).

ZWISCHENSTOPP: IMBISS

Broens Gadekøkken ❶ € 📘 J4 vereint Küchencontainer diverser Kopenhagener Restaurants an der Brücke. GRØD serviert hier schmackhafte Körnermischungen mit Früchten oder Gemüse.
• Strandgade 95 | Christianshavn
  Mo–Fr 8–21, Sa/So 9–22 Uhr

DANSK ARKITEKTUR CENTER **3** 📘 J5

Ebenfalls in einem historischen Speichergebäude am Innenhafen ist das Dansk Arkitektur Center beheimatet. Wer Interesse an der Architektur und Stadtentwicklung hat, ist hier richtig. Copenhagen X heißt das interaktive Projekt, das den Bewohnern der Hauptstadt mit vielen Informationen, anschaulichen Modellen, Stadtführungen und Diskussionen die möglichen Perspektiven für Kopenhagens Zukunft nahe-

Das geballte Wissen über Kopenhagens Architektur hält das Dansk Arkitektur Center parat

bringt. Ansonsten begeistern die interessanten Wechselausstellungen des Hauses und die angebotenen Architekturführungen zu Fuß, zu Wasser oder per Fahrrad.

Das Café des DAC bietet durch seine riesigen Fensterfronten einen prächtigen Blick auf den Inderhavn mit den Hafenfähren, kleinen Schiffen und die Stadt am anderen Ufer (Strandgade 27B, Tel. 3257 1930, www.dac.dk, Ausstellungen tgl. 10 bis 18, Do bis 21 Uhr).

CHRISTIANS KIRKE 4 ▮ J5

Fast am Ende der Strandgate erhebt sich die massive Rokokokirche aus der Mitte des 18. Jhs. Im schlichten, nüchtern wirkenden Inneren fällt die zentral über dem Altar platzierte Kanzel ins Auge, typisch für protes-

tantische Kirchen. Hier versammelte sich einst die deutsch-lutherische Gemeinde. Wegen ihrer grandiosen Orgel und Akustik wird die Christians Kirke gern für Konzerte genutzt (Strandgade 1, Tel. 3254 1576, www.christianskirke.dk, Di–Fr 10 bis 16 Uhr).

CHRISTIANSHAVNS KANAL

5 ▮ H5–K5

Der Christianshavns Kanal umzieht das Viertel mit den idyllischen kleinen Gassen. Hier haben viele Hausboote ihren Liegeplatz. Beim Bummel am Kanal entlang kann man das maritime Flair genießen und die Bebauung bewundern: Stadthäuser aus dem 17. und 18. Jh., einige mit Fachwerk und farbigen Fassaden, die in Kopenhagen eine Seltenheit darstellen. Andernorts wurden sie ein Opfer der vielen Feuersbrünste.

Das südwestliche Ende des Kanals am Innenhafen überquert eine von Olafur Eliasson entworfene, herrlich leicht wirkende Fußgängerbrücke. Die **Cirkelbroen** ⭐ ▌ H5 ist konstruiert aus fünf ineinandergreifenden Scheiben, auf denen jeweils Masten, Wanten und Stege wie bei Segeljachten emporragen. Wenn tatsächlich Boote passieren wollen, wird die Brücke zur Seite geschwenkt.

VOR FRELSERS KIRKE 6 ▌ J5

Die Erlöserkirche erhebt sich an der fast 400 Jahre alten Skt. Annæ Gade, die vom Asiatisk Plads am Hafenkanal quer durch Christianshavn bis zur Løvens Bastion am einstigen Befestigungswall führt. Die Erlöserkirche ist zwar nicht die wichtigste, aber wohl die meistfotografierte Kirche Kopenhagens. Dabei war es nicht einfach, den Kirchenbau auf dem Grund zu errichten, den holländische Spezialisten erst Anfang des 17. Jhs. dem Meer abgerungen hatten. Das Gotteshaus wurde über einem festen Granitsockel aus rotem Backstein errichtet, im niederländischen Barockstil. Das Innere beeindruckt vor allem durch den mächtigen marmornen Hochaltar und die von Elefanten getragene Orgelempore. Die 1698 gebaute Orgel gilt wegen ihres wunderbaren Klangs als Stradivari unter den Orgeln. Der verspielte Turm ⭐ passt eigentlich nicht zum ansonsten protestantisch strengen Bau, er wurde auch 50 Jahre später errichtet. Heute ist der spiralförmige Turm die eigentliche Attraktion bei Besuchern aus aller Welt. Wer die 90 m hohe Turmspitze erklimmen will, muss auf der außenliegenden Wendeltreppe 400 Stufen bewältigen. Eine recht schweißtreibende Angelegen-

---

💬 COPENHAGEN STREET FOOD

Kopenhagen ist nicht nur die Gourmetmetropole Nordeuropas, die Stadt zeigt sich auch offen für neue kulinarische Trends. Auf Refshaleøen stehen große Hallen, in denen einst Betriebe des Hafengewerbes ihren Platz hatten. »Reffen« nennt sich das Projekt, bei dem seit Frühsommer 2018 zahlreiche Köche in ihren Food Trucks zeigen, was sie drauf haben. Andere Räume belegen Stadtteil-, Bildungs- und Kulturinitiativen. Die Atmosphäre ist rustikal, die Gerichte stammen aus aller Welt. »Ursprünglich, ehrlich und ästhetisch« lautet das Motto, nach dem alle streben. Bio kann, muss aber nicht sein. Wichtig ist, dass die Zutaten aus der Region stammen und alles frisch zubereitet wird, gut schmeckt und kein Vermögen kostet. Für 50–150 DKK gibt es eine ordentliche Portion anatolische Mezze, japanisches Sushi, Chipotle und Salate aus Brasilien, Philly Cheese Cake mit dänischem Touch oder Kimchi aus Korea (Refshalevej 167A, http://reffen.dk, April–Sept. Mi–So 12–20, Okt. bis März Fr 16–20, Sa/So 12–20 Uhr).

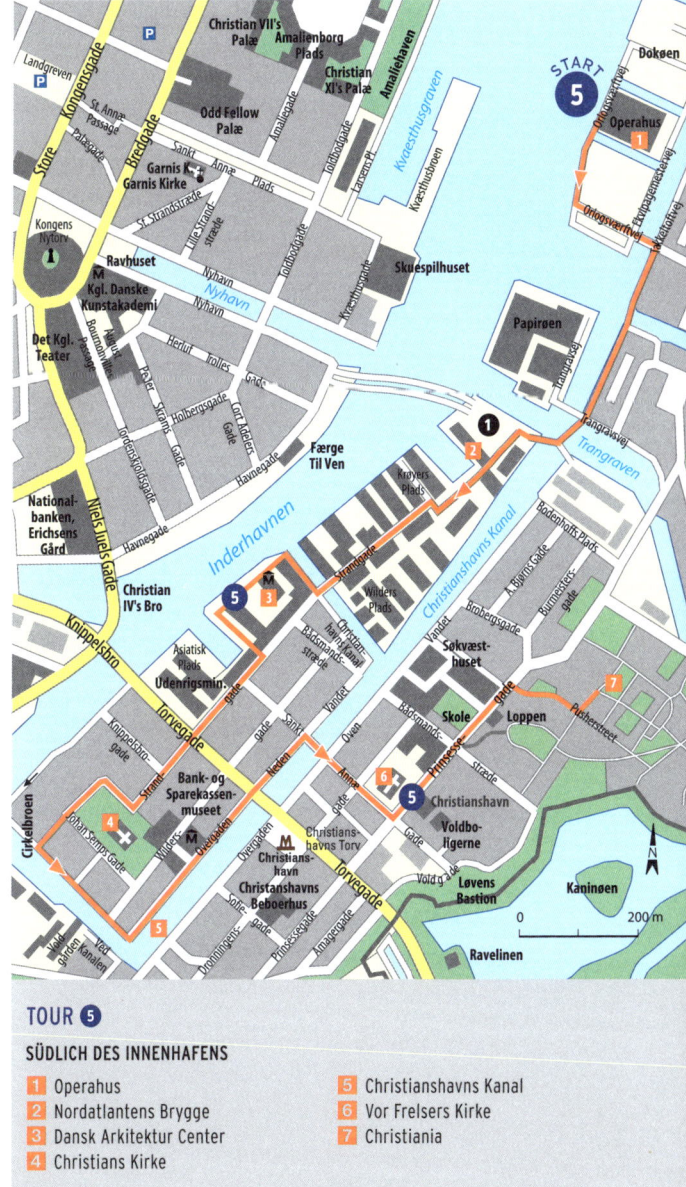

TOUR 5

SÜDLICH DES INNENHAFENS

1 Operahus
2 Nordatlantens Brygge
3 Dansk Arkitektur Center
4 Christians Kirke
5 Christianshavns Kanal
6 Vor Frelsers Kirke
7 Christiania

ARCHITEKTURHIGHLIGHTS

- **Den Sorte Diamant**
  In der schwarzen Fassade des Anbaus der Königlichen Bibliothek spiegeln sich Wasser und Himmel, das glasverkleidete Atrium lässt Licht und Sonne hinein. > S. 80
- **Skuespilhuset**
  Im Duett mit der nicht weniger spektakulären Oper am gegenüberliegenden Ufer haben die staatlichen dänischen Bühnen am Innenhafen einen großen Auftritt nach außen. > S. 104
- **Cirkelbroen**
  Die kleine Brücke von Olafur Eliasson zeigt große Wirkung, weil sie den Radlern und Fußgängern in der grünen Stadt über das Wasser hinweg hilft. > S. 110
- **Ordrupgaard**
  Der futuristische helle Neubau von Zaha Hadid fügt sich elegant in die Landschaft des Kunstparks um das Wohnhaus des Designers Finn Juhl. > S. 134
- **Bella Sky Hotel**
  Das Hotel mit seinen zwei Turmbauten in Ørestad hat den Dreh raus: Sein Anblick ist ebenso fantastisch wie der Ausblick von oben. > S. 135
- **Gemini Residence**
  Drei komplett zu Wohnungen umgestaltete alte Silos am Hafen überzeugen mit einer fantastischen runden verglasten Außenfassade und breiten Balkons (Islands Brygge 32, Amager).

heit und nur für schwindelfreie Turmbesucher geeignet, die dafür mit einem tollen Panoramablick belohnt werden. Die Spitze ziert eine vergoldete Figur Christi als Erlöser. Bei der Einweihung soll der damals regierende Christian V. den Turm erklommen haben, um sich zu den Salutschüssen seiner Kanoniere den jubelnden Untertanen zu zeigen (Skt. Annæ Gade 29, Tel. 3254 6883, www.vorfrelserskirke.dk, tgl. 11 bis 15.30, Turm Mai–Sept. Mo–Sa 9.30–19, So 10.30–19, Okt.–Mitte Dez. Mo–Sa 10–16, März/April Mo–Sa 10–16, So 10.30–16 Uhr).

CHRISTIANIA 7 9 K5

Bunt bemalte Häuser, dazwischen viel Grün. Kneipen, Klubs, einige Geschäfte in ausrangierten Bahnwaggons, Hunde stromern über das Gelände. Durch die **Pusherstreet** zieht meist ein süßlich-herber Duft, an kleinen Ständen werden diverse Cannabissorten und das entsprechende Zubehör zum Rauchen verkauft, neben Ständen mit Reggae und T-Shirts. Wichtig zu wissen: Kopenhagen toleriert zwar Verkauf und Konsum von Cannabis in der selbstverwalteten und basisdemokratisch organisierten Freistadt Christiania, ahndet aber den Besitz nach Verlassen. In Christiania fordern Schilder dazu auf, hier nicht zu fotografieren. Auch darauf, dass die Bewohner keine Waffen und harten Drogen auf ihrem Areal wollen, wird deutlich hingewiesen. Ansonsten heißt es leben und leben lassen. Mit rund 1 Mio. Besuchern im Jahr gehört Christiania jedoch zu den

Bunt bemalte Wände sorgen schon am Eingang zu Christiana für gute Laune

Attraktionen der Hauptstadt. Wer hätte das vor mehr als 40 Jahren geahnt, als Hausbesetzer 1971 ein Loch in die Absperrung der Bådsmandsstrædes Kaserne am südlichen Festungswall schnitten und die verlassenen Militärbaracken kurzerhand als Wohnungen in Besitz nahmen. Heute leben in der autofreien Siedlung etwa 1000 Bewohner. Das rund 34 ha große Gelände ist in Wohngebiete unterteilt, die Löwenzahn, Milchstraße oder Friedensarche heißen. Viele der Häuser sind fantasievoll zusammengezimmert. Überall ist das Logo von Christiania zu sehen, drei gelbe Punkte auf rotem Grund. Sie zeigen die i-Punkte des Namens und stehen als Symbole für Liebe, Hoffnung und Freiheit. Die Zeiten der teils gewalttätigen Auseinandersetzungen mit der dänischen Regierung scheinen endgültig vorbei zu sein. 2011 stimmten die Bewohner dem Angebot zu, die Grundstücke in Christiania für 150 Mio. DKK dem Staat abzukaufen. Zur Finanzierung gaben die Christianiter eine **Volksaktie** aus (www.christianiafol keaktie.dk). Einige Betriebe, wie die Schmuckwerkstatt oder die Hersteller des robusten Christiania-Bikes mit einer Ladefläche zwischen zwei Vorderrädern, sind inzwischen kommerziell erfolgreich. Mehrere Restaurants, wie Morgenstedet oder Spiseloppen, sowie Cafés laden ein, länger hier zu verweilen. Vielleicht spielt abends ja eine interessante Band (Bådsmandsstræde 43, Tel. 3295 6507, www.christiania.org).

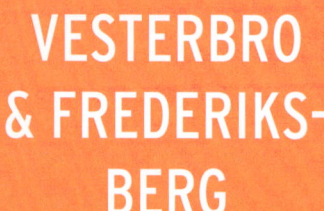

VESTERBRO & FREDERIKS- BERG

Nicht der kürzeste aber der schnells-
te Weg nach Havneholmen führt über
die Fahrradschlange »Cykelslangen«

Die Vielfalt einer Metropole: Vesterbro, das bei Kreativen und Studenten angesagte bunte und quirlige Szeneviertel. Frederiksberg, die mit viel Grün, gepflegten Parks und Villen beliebte ruhige Wohngegend.

Vesterbro und Frederiksberg, beide westlich der Innenstadt, haben eine lange gemeinsame Grenze und Geschichte, sind aber sonst sehr unterschiedlich. Beide lagen vor 200 Jahren noch außerhalb der Stadttore von Kopenhagen, Frederiksberg ist noch immer eine selbstständige Gemeinde, inzwischen aber eingekreist von Kopenhagen. Um die königliche Sommerresidenz, die sich Christian IV. und Frederik IV. in Frederiksberg errichten hatten lassen, gruppierten sich mit der Zeit immer mehr noble Nachbarn. Bis heute ist Frederiksberg ein schickes Wohnviertel geblieben, auch wenn inzwischen gut situierte Angestellte und Selbstständige mit ihren Familien die Rollen der Adeligen übernommen haben und der ausgedehnte königliche Schlosspark Frederiksberg Have längst allen Einwohnern offen steht. Er ist besonders bei Joggern und Spaziergängern sehr beliebt.

Vesterbros Ruf dagegen war früher sehr schlecht. Es war zunächst das Viertel der armen Landflüchtigen mit extrem hoher Arbeitslosenrate. Nur die Prostitution blühte. Als sich die Bewohner nicht mal den Bau einer Kirche leisten konnten, spendeten schließlich die Reichen aus dem benachbarten Frederiksberg die nötige Summe. Nicht ganz uneigennützig, denn so konnte man die ungeliebten Nachbarn zumindest aus den eigenen Gotteshäusern fernhalten.

Gleich hinter dem Bahnhof, dem geschäftigen Knotenpunkt sowohl im Fern- aber auch Stadtverkehr mit Metro- und S-Bahnen, siedelten sich seit den 1960er-Jahren viele Einwanderer aus dem Nahen und Fernen Osten an. Doch die Istedgade entwickelte sich nach Freigabe der Pornografie in Dänemark 1969 zu einer über die Landesgrenzen hinaus bekannten Sexmeile, Drogensüchtige folgten. Das Rotlicht ging unmittelbar über ins Schlachthofviertel Kødbyen. Erst nachdem der Schlachthof an den Stadtrand gezogen war und sich die vielen leeren Hallen und Büros mit neuen Restaurants oder Bars füllten, gewann Vesterbo zunehmend an Attraktivität. Die Szenerie wandelte sich praktisch jeden Tag. Altbauten wurden restauriert, die Mieten stiegen. Auch der Umbau des Bahnhofs, der nun mit einem modernen Shoppingcenter glänzt, hatte wesentlichen Anteil an der Aufwertung des Stadtviertels. Aber noch immer präsentiert sich Vesterbro als spannende Mischung. Hier findet man einen Saunaklub neben einem Designhotel oder einen Gemüsehändler neben einer Cocktailbar.

TOUREN IN DEN VIERTELN

TOUR 6

DURCH DAS SZENE-VIERTEL VESTERBRO

VERLAUF: Hovedbanegården > Planetarium > Skydebanehaven > Istedgade > Halmtorvet > Kødbyen

KARTE: Seite 117
DAUER: 3 Stunden, etwa 3,5 km (Rundtour)
PRAKTISCHE HINWEISE:
- Am besten macht man die Tour nachmittags und abends als Einstieg ins Nachtleben von Kødbyen. Es geht hier um die Atmosphäre.
- Das Planetarium ist täglich bis in die Abendstunden geöffnet.
- Auch wenn hinter dem Bahnhof längst nicht mehr das Rotlichtviertel von Kopenhagen ist, sollten Besucher über einschlägige Angebote nicht schockiert sein.

TOUR-START:
HOVEDBANEGÅRDEN
1 🏛 F5

Der Hauptbahnhof von Kopenhagen ist die wichtigste Haltestelle für Fernzüge und Station der Metro, welche die Besucher vom Flughafen direkt und mitten in die Stadt bringt. Hier starten viele Urlauber und Geschäftsreisende ihren Aufenthalt in der dänischen Metropole.

In der Bahnhofshalle herrscht von morgens bis abends reger Betrieb. Reisende eilen zu ihren Zügen oder durchqueren den Bahnhof nur, um schneller von der Bernstorffsgade zur Istedgade zu kommen oder umgekehrt. Der aus dunkelroten Ziegeln erbaute Bahnhof wurde 1911 eingeweiht. Statt 36 damals werden inzwischen etwa 1500 Züge am Tag abgefertigt. Das Atrium wurde in ein Shoppingcenter mit diversen Fast-Food-Restaurants umgewandelt. Etwa 110 000 Bahnreisende kommen täglich am Bahnhof an und viele haben ihr Fahrrad dabei. Keine große Überraschung in der Fahrradstadt Kopenhagen. Mit den S-Bahnen werden jedes Jahr etwa 2,5 Mio. Fahrräder transportiert. Die Fahrradständer am Bahnhof fassen bis zu 3500 Zweiräder (Banegårdspladsen 7, Tel. 7013 1415, www.dsb.dk).

Gegenüber vom Haupteingang des Bahnhofs erinnert die 1797 errichtete Freiheitssäule an die Aufhebung der Leibeigenschaft auf dem Land in Dänemark.

ZWISCHENSTOPP: CAFÉ

Wer einen starken Kaffee braucht oder noch kein Frühstück hatte, sollte sich im kleinen **Coffee First** **1** €€€ 🏛 F5 gemütlich niederlassen. Sasha and Erlinda servieren exzellenten Estate Coffee und ein hervorragendes kleines Frühstück mit Ei, Käse und Wurst.
- Gammel Kongevej 1 | Tel. 3325 0522 Mo–Fr 7.30–20, Sa/So 9.30–18 Uhr

TYCHO BRAHE
PLANETARIUM ② ▮ F5

Nordwestlich vom Hauptbahnhof schimmert das Wasser des Skt. Jørgens Sø, einer der drei durch Brücken getrennten Stadtseen Kopenhagens. › mehr S. 12 Punkt ❶ Davor erhebt sich der markante Rundbau des Tycho Brahe Planetariums mit dem abgeschrägten Dach. Es wurde nach dänischen Astronomen Tycho Brahe › S. 118 benannt. Im Space

Theater erfährt man alles, was man über Sonnensystem, Milchstraße und fremde Galaxien schon immer wissen wollte. Bei den 3-D- und IMAX-Filmen auf der 1000 m² großen Projektionsfläche in der Kuppel tauchen die Zuschauer quasi in die Weiten des Weltraums ein (Gammel Kongevej 10, Tel. 3312 1224, www. planetariet.dk, Mo 12–19.10, Di bis Do 9.30–19.10, Fr/Sa 10.30–20.30, So 10.30–19.10 Uhr).

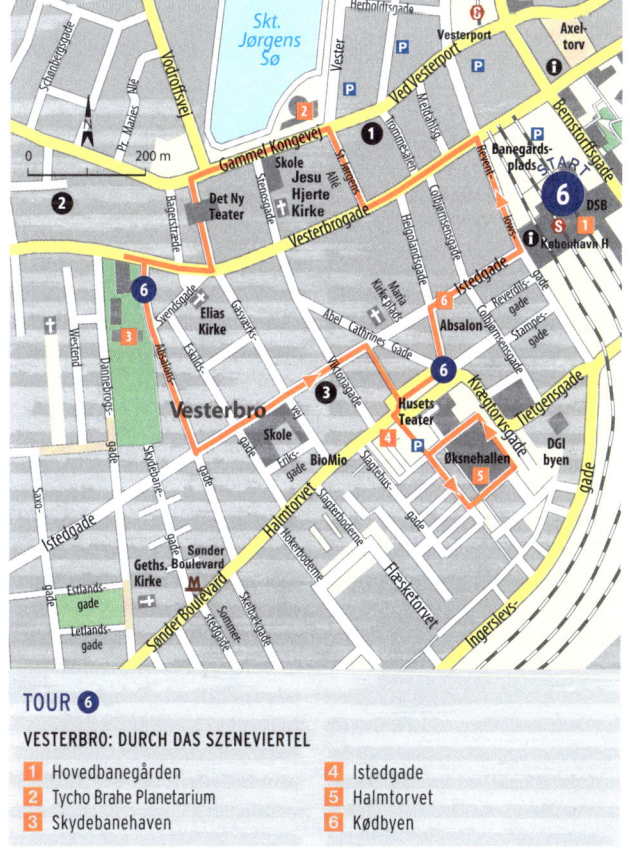

TOUR ❻

VESTERBRO: DURCH DAS SZENEVIERTEL

Wer ein Liebhaberstück sucht, muss auf dem Loppetorv Frederiksberg genau hinsehen

ZWISCHENSTOPP: BAR

Das **Lidkoeb** ❷ €€ 🍴 E5 erfüllt Wünsche von Whiskyliebhabern und Cocktailfans.

- Vesterbrogade 72 B | Vesterbro
  Tel. 3311 2010 | https://lidkoeb.dk
  Mi–Sa 16–2, So–i 20–24 Uhr

SKYDEBANEHAVEN ❸ 🍴 E6

Versteckt hinter einer Häuserzeile liegt dieser hübsche kleine Park. Nicht nur sein Name erinnert dar-

an, dass sich auf dem Gelände früher eine Schießbahn der Königlich Kopenhagener Schützengesellschaft befand. Die imposante 20 m hohe und 70 m lange neogotische Backsteinmauer an der einen Parkseite wurde 1887 zum Schutz der Passanten und des Verkehrs auf der Istedgade vor Querschlägern errichtet. Heute hält sie den Straßenlärm ab, sodass man hier herrlich entspan-

---

💬 **TYCHO BRAHE**

Der dänische Astronom (1545–1601) veränderte mit seinen Entdeckungen und Berechnungen das Weltbild seiner Zeit. Mit einer Langzeitbeobachtung des Sternenhimmels widerlegte er Ptolemäus, der Kometen nur als abnorme Wettererscheinungen betrachtete. Brahe beschrieb als Erster das Entstehen und Vergehen einer Supernova. Das Bild vom erdzentrierten Himmelssystem stellte er aber noch nicht infrage. Er studierte und arbeitete viele Jahre in Deutschland sowie in Basel, bis Frederik II. den Gelehrten mit finanziellen Mitteln für ein Observatorium auf der heute schwedischen Insel Hven im Öresund ausstattete. Nach dem Tod des Monarchen 1588 spielte der Astronom keine wichtige Rolle mehr. Also folgte er dem Ruf Kaiser Rudolfs II., der ihm eine Pension und eine neue Sternwarte bei Prag versprach. Deren Fertigstellung sollte er nicht mehr erleben – er starb 1601.

nen kann. Zwischen grünen Bäumen, blühenden Büschen und Blumenrabatten locken Rasenflächen und Bänke. Vor allem die Kinder haben ihren Spaß. Auf sie warten ein großer Spielplatz, Räder, Kettund Bobbycars. Im Sommer steht für die ganz Kleinen ein Planschbecken zur Abkühlung bereit (Absalonsgade 12).

ZWISCHENSTOPP: RESTAURANT

Für eine Pause mit exzellenter Biopizza und guten Drinks bietet sich **Neighbourhood ❸** € ▮ F6 an. Keine Reservierungen möglich.

- Istedgade 27 | | Vesterbro
  Tel. 3212 2212
  www.neighbourhood.dk
  Mo–Fr ab 17 Sa/So 10.30–23 Uhr

ISTEDGADE **4** ▮ E6–F5

Vom Hauptbahnhof vorbei an der neogotischen Mariakirken (1909) zum Enghave Plads einmal quer durch Vesterbro führt die teilweise von originellen Geschäften gesäumte Istedgade. Nur noch einige Pornoläden und Nachtklubs erinnern daran, dass diese Straße vor ein paar Jahrzehnten das Zentrum des berüchtigten Kopenhagener Rotlichtviertels war. Aber je weiter man sich vom Bahnhof entfernt, umso mehr bestimmen interessante Szenelokale und -läden die Szenerie, umso mehr prägen Studenten, Hipster und junge Familien das Stadtbild. Sie finden hier von morgens bis abends genügend Cafés, Bars, Imbisse und Restaurants. Die Auswahl reicht von nordischer über spanische Küche bis zu asiatischen Köstlichkeiten.

BUNTE MÄRKTE

- **Torvehallerne**
  In und um die Markthallen werden Delikatessen, Gemüse, frischer Fisch, italienische und französische Spezialitäten verkauft, darunter viele Bioprodukte, und außerdem gibt es ein exzellentes Angebot an Imbissständen. Die Markthallen sind zwar nicht günstig, aber von erlesener Qualität. › S. 97

- **Reffen**
  Zahlreiche Köche mit ihren Food Trucks bieten in den ehemaligen Hafenhallen auf Refshaleøen Köstlichkeiten aus aller Welt unter dem Motto »Ursprünglich, ehrlich und ästhetisch«. › S. 110

- **Kødbyens Mad & Marked**
  Auf Vesterbros Wochenmarkt werden an rund 70 Ständen sowie Imbisswagen neben Obst, Fleisch und Käse natürlich auch allerlei andere Leckereien zum Essen verkauft. › S. 121

- **Loppetorv Frederiksberg**
  Im Sommern durchstöbern die Kopenhagener samstagvormittags gern den Flohmarkt auf dem Parkplatz hinter dem Frederiksberger Rathaus. › S. 121

- **Loppetorv Nørrebro**
  Auf dem Trödelmarkt im Schatten der Friedhofsmauer des Assistens Kirkegård verkaufen die Hobbyhändler altes Spielzeug, Glas und Porzellan oder Lampen und Möbel. › S. 131

HALMTORVET 5 🏛 F6

Auf dem Heumarkt (Halmtorvet), wurden früher Heu- und Strohballen für das liebe Vieh verkauft. Später kamen die Prostituierten. Inzwischen aber ist die Straße aufgemöbelt und der Durchgangsverkehr verbannt. Die Nordseite nehmen alte Wohnhäuser ein, im Süden liegt das ehemalige Schlachthofviertel.

KØDBYEN 6 10 🏛 F6

Das Viertel zwischen dem Halmtorvet im Norden und den Bahngleisen im Süden heißt zwar noch wie der Fleischgroßmarkt Kødbyen, einige Metzger, Fachbetriebe und die ungeschliffene Atmosphäre unspektakulärer Gewerbebauten sind geblieben, ansonsten aber verwandelte sich das Quartier komplett.

In den **Øksnehallen,** wo man früher bis zu 1600 Rinder zu Aktionen zusammentrieb, treffen sich nun Kunstfreunde zu Ausstellungen, Musikfans zu Konzerten oder Shopper beim Flohmarkt. In einem Nebengebäude residiert das **Huset Teater** (www.husetsteater.dk), das moderne und aktuelle Stücke spielt. Auf dem riesigen Areal haben sich außerdem einige der interessantesten Kunstgalerien, Restaurants und Bars der Stadt niedergelassen. Kødbyens Fiskebar › S. 36, das Fischrestaurant, zählt sicher dazu. Angesagt sind auch das im Retrostil eingerichtete Café NOHO (http://noho.bar), das abends zur Cocktailbar mutiert, und die Bierbar der Kultbrauerei Mikkeller War Pigs (http://warpigs.dk). › mehr S. 14 Punkt ⑮ Die Galleri Bo Bjerggaard (http://bjerggaard.com) gehört zu den renommiertesten Kunstgalerien in Kopenhagen. Es gibt sogar ein »Hipster-Hostel« inklusive Tattoostudio, das Urban House (http://urbanhouse.me). Samstags und sonntags verkaufen dann Dutzende Händler ihre Ware, vor allem Obst und Gemüse, auf dem bei den Städ-

Kødbyens Fiskebar steht für cooles Ambiente und kreative Küche

tern sehr beliebten Wochenmarkt **Kødbyens Mad & Marked** (Flæsketorvet, http://koedbyensmadogmarked.dk, Sa/So 10–18 Uhr).

Wer mit dem Rad unterwegs ist, sollte unbedingt noch einen Abstecher machen und das Terrain jenseits der Bahngleise erkunden. Kühn schlängelt sich die Fahrradbrücke **Cykelslangen** hinüber zum Shoppingcenter **Fisketorvet.** Daneben garantiert eines der beliebten Hafenbäder – zumindest im Sommer – bei einem Sprung ins Nass ordentlich Abkühlung.

FREDERIKSBERG: DIE STADT IN DER STADT

VERLAUF: Rådhus Frederiksberg ›
Frederiksberg Have › Royal Copenhagen Outlet › Frederiksberg Slot ›
Zoologisk Have › Søndermarken ›
Carlsbergs Besøgscenter

KARTE: Seite 123
DAUER: 5 Stunden, knapp 4 km.
PRAKTISCHE HINWEISE:
- Diese Tour führt hauptsächlich durch die selbstständige Kommune Frederiksberg.
- Auch in Frederiksberg gibt es Kopenhagens Stadtverkehr und Citybikes.
- Cisternerne und Visit Carlsberg Mo geschl., Flohmarkt nur Sa geöffnet.

TOUR-START: RÅDHUS FREDERIKSBERG 7 ▮ C5

Eine der begehrtesten Wohnadressen Kopenhagens liegt gar nicht in der Hauptstadt, sondern in der eigenständigen Kommune Frederiksberg. Gut 100 000 Einwohner, dazu kommen Hochschulen mit 25 000 Studierenden, die natürlich nicht alle in Frederiksberg wohnen. Wer durch die Straßen mit den vielen Villen und feinen Geschäften geht, bemerkt sofort, dass hier die Besserverdienenden wohnen. Für ihre Behördengänge ist das Rathaus zuständig. Auf dem großen Parkplatz dahinter findet von Anfang April bis Mitte Oktober samstags von 9–15 Uhr der beliebte Loppetorv (Flohmarkt) statt. Hier werden Klamotten Spielzeug, Antiquitäten sowie Trödel verkauft. Am *Pølsevogn* kann man sich bei Hotdogs stärken (Smallegade 1, Frederiksberg, Tel. 3821 2121, www.frederiksberg.dk).

FREDERIKSBERG HAVE
8 ⭐ ▮ B/C5

Zur großen Attraktivität von Frederiksberg trägt der ausgedehnte Schlosspark bei. Am Haupteingang grüßt eine Statue Frederiks VI. all jene Besucher, die von der Frederiksberg Allé der Grünanlage entgegenstreben. Die gepflegten, von alten Bäumen und Statuen gesäumten Wege und die großen Rasenflächen sind bei Spaziergängern und Freizeitsportlern außerordentlich beliebt. Im Winter verwandelt sich das Runddel am Haupteingang in eine Eisfläche, auf der man gratis Schlittschuh laufen kann (Dez. Mo–Fr

11–21, Sa/So 10–21, Jan./Febr. Mo bis Fr 11–20, Sa/So 10–20 Uhr; Verleih 50 DKK).

Zunächst als formaler Barockgarten konzipiert, wurde die Anlage später zu einem romantischen Landschaftspark im englischen Stil umgestaltet. Bei einer Ruderboottour (Svendsens Bådfart, Mai–Sept. Mo–Fr 10–17, Sa/So 12–18 Uhr), begleitet von Schwänen und anderen Wasservögeln, kommt man vorbei am Apistempel (1802), der Frühlingsgrotte, dem Schweizerhaus sowie an der Insel mit dem chinesischen Pavillon, der 1799 als königliches Teehaus entstand (Kinesiske Lysthus, Mai–Sept. So 14 bis 16 Uhr)

Zur Mittsommernacht steigt im Park ein großes Volksfest, mit Gesängen, Tanz und Riesenfeuer zwischen See und Schloss. Auch das Copenhagen Jazz Festival › S. 66 nutzt den Park als Bühne (Frederiksberg Runddel, Frederiksberg, Tel. 3395 4200, tgl. ab 6 Uhr bis Einbruch der Dunkelheit, z. B. Mitte Juni–Mitte Aug. bis 23, Dez./Jan. bis 17 Uhr).

ROYAL COPENHAGEN OUTLET 9 🏛 B5

Auf zwei Etagen in einem alten, aus gelben Backsteinen errichteten Fabrikgebäude am Parkrand wird Porzellan der Königlichen Manufaktur zweiter Wahl mit leichten Fehlern

---

🗨 ROYAL COPENHAGEN

Es gibt Ostereier aus handbemaltem Porzellan, blaue, spitzenverzierte Tassen oder solche mit großen floralen Motiven, Figuren von Seehunden oder der kleinen Meerjungfrau, aber auch moderne Kreationen. Seit mehr als 240 Jahren fertigen Kunsthandwerker mit königlichem Segen hochwertiges Geschirr und schmuckvolles Design. Die Manufaktur »Den Kongelige Porcelænsfabrik« wurde 1775 gegründet und von Königin Juliane Marie gefördert, von der man 1781 zum Dank eine Porzellanbüste anfertigte. Dem ersten Laden 1780 in Kopenhagen folgten Ende des 19. Jhs. Geschäfte in Paris, New York und London. Bis 1868 wurde die Manufaktur als Betrieb des dänischen Königshauses geführt.

Das berühmte 1802-teilige Service *Flora Danica* wurde auf Anweisung von Christian VII. für Katharina die Große von Russland mit Motiven der dänischen Pflanzenwelt gefertigt, allerdings erst nach dem Tod der Zarin 1796 vollendet und blieb dann in Kopenhagen. Wer über die finanziellen Mittel verfügt, kann sich heute ein Service bestellen und dabei aus 900 Blumendekors wählen. Das Hauptgeschäft in einem repräsentativen dreistöckigen Renaissancebau am Amagertorv führt auch die beliebten, seit über 50 Jahren zu Weihnachten verkauften Sammelteller, deren Motive jeweils namhafte Künstler entwerfen (Amagertorv 6, Tel. 3313 7181, www.royalcopenhagen.com, Mo–Fr 10–19, Sa 10–18, So 11–17 Uhr).

TOUR **7**

FREDERIKSBERG: DIE STADT IN DER STADT

- **7** Rådhus Frederiksberg
- **8** Frederiksberg Have
- **9** Royal Copenhagen Outlet
- **10** Frederiksberg Slot
- **11** Zoologisk Have
- **12** Søndermarken
- **13** Carlsbergs Besøgscenter

und Stücke aus älteren Kollektionen verkauft. In der Vorweihnachtszeit findet man die Deko des Vorjahres zu deutlich reduzierten Preisen (Søndre Fasanvej 9, Frederiksberg, Tel. 3834 1004, www.royalcopenha gen.com, Mo–Fr 10–18, Sa 10 bis 15 Uhr).

FREDERIKSBERG SLOT 10 ▌ B/C6

Auf einer kleinen Anhöhe erhebt sich das mächtige Frederiksberger Schloss. Frederik IV. ließ den Palast 1699 als Sommerresidenz im Stil eines italienischen Palazzo errrichten. Später wurde der ursprüngliche Bau mehrfach erweitert. Unter Christian VI. war er Mitte des 18. Jhs. zu einer respektablen Barockresidenz herangewachsen mit mehreren Flügeln um einen arkadengesäumten Innenhof. Seit 1869 nutzt das Dänische Heer den schmucken Bau zur Ausbildung seiner Offiziere. Dennoch gibt es regelmäßig Führungen durch die prächtigen, klassizistisch gestalteten Innenräume mit aufwendigen Stuckdekorationen und Deckenfresken, ein elegantes marmornes Badezimmer, ein geheimes Treppenhaus sowie die Schlosskapelle (Roskildevej 28, Frederiksberg, Tel. 7281 7771, www.frederiks bergslot.dk, Führungen außer Juli und Dez. am letzten Samstag eines Monats 11 und 13 Uhr).

ZOOLOGISK HAVE 11 ▌ B5/6

Schon 1859 wurde der Kopenhagener Zoo im Südwesten des Frederiksberger Schlossparks eröffnet. Inzwischen wurde er zum modernen Geopark umgestaltet, der sich über den Schlosspark in das angrenzende Parkareal von Sønndermarken ausdehnt. Hier leben Pandabären, Emus und kleine Ziegen, insgesamt mehr als 4000 Tiere und 200 Arten. Besucher können bei tropischen Temperaturen im Regenwaldhaus nach blauen Fröschen und bunten Papageien spähen, im Acryltunnel des Arktiske Ring die Eisbären und Robben von allen Seiten betrachten und im Elefanthus, dem vom britischen Stararchitekten Norman Foster entworfenen Elefantenhaus, die grauen Dickhäuter beim Baden beobachten oder in der weiten Savannenwelt nach Giraffen, Antilopen und Zebras Ausschau halten (Roskildevej 32, Frederiksberg, Tel. 7220 0200, www.zoo.dk, Mitte Mai bis Mitte Aug. tgl. 10–20, April bis Mitte Mai, Mitte Aug.–Sept. Mo bis Fr 10–17, Sa/So 10–18, März Mo–Fr 10–16, Sa/So 10–17, Okt. tgl. 10–17, Nov.–Febr. tgl. 10–16 Uhr).

SØNDERMARKEN 12 ▌ B/C6

Unmittelbar südlich des Roskildevej erstreckt sich mit Sønndermarken eine weitere Grünanlage, die zusammen mit dem Schlosspark 62 ha einnimmt und damit zu den größten städtischen Parks in Nordeuropa gehört.

Tief verborgen unter dem Rasen befindet sich ein attraktives Museum. Das **Cisternerne – Museet for Moderne Glaskunst** ⭐ wurde in der Zisterne, dem 140 Jahre alten und 4300 m² großen Trinkwasserreservoir der Hauptstadt, eingerichtet. Lichtinstallationen rücken die ausgestellten Glaskunstwerke zwi-

Die Elefanten am Eingang der Brauerei Carlsberg symbolisieren Stärke und Langlebigkeit

schen den massiven Wänden in geheimnisvolles Licht (Søndermarken, Frederiksberg, Tel. 3073 8032, www.cisternerne.dk, Mitte April bis Nov. Di–So 11–18, Do bis 20 Uhr).

ZWISCHENSTOPP: RESTAURANTS

Die drei familiengeführten Gartenlokale **Familiehaverne** ❹ €€ ▮ C6 am Rand vom Frederiksberg Park haben vor allem in den Sommermonaten Hochsaison. Sie alle bieten sowohl Bier also auch Limonade, dazu frischen Fisch, Krabbencocktail, klassisches Smørrebrød. Bei regelmäßiger Livemusik herrscht hier meistens gute Stimmung.

- **Hansens Gamle Familiehave**
  Pile Allé 10–12 | Tel. 3630 9257
  www.hansenshave.dk
- **MG Petersens Familiehave**
  Pile Allé 16 | Tel. 3616 1133
  www.petersensfamiliehave.dk
- **Krøgers Familiehave**
  Pile Allé 18 | Tel. 3645 0897
  www.kroegershave.dk

CARLSBERGS BESØGSCENTER 13 ▮ C6

Eine der weltweit größten Brauereigruppen, Carlsberg, hat ihren Ursprung in Kopenhagen. Das Bier der Marken Tuborg und Carlsberg wird inzwischen in Jütland gebraut, aber hier auf dem Hügel Valby Bakke gründete Jacob Christian Jacobsen im Jahr 1847 die nach seinem Sohn Carl benannte Brauerei **Carlsberg-Bryggerier Kjøbenhavn**.

Ein Teil der historischen Gebäude wurden zu einem Erlebnismuseum ausgebaut. Hier sind alte Brauerei, Schaubrauerei, Stallungen sowie eine Sammlung von 16 000 unterschiedlichen Bierflaschen zu bestaunen. Es gibt auch eine Bar und einen Biergarten. Im Eintrittspreis sind zwei Getränke enthalten, sodass niemand durstig bleibt (Gamle Carlsberg Vej 11, www.visitcarlsberg.com, Mai–Sept. tgl. 10–18, Okt.–April Di–So 10–17 Uhr).

NØRREBRO &
ØSTERBRO

Radwege und Hochbeete charakterisieren
den Stadtgarten in Nørrebro, »City Garden 2200«

Die Viertel nordwestlich vom Kopenhagener Zentrum sind multikulti, alternativ und grün. Der stille Friedhof Assistens Kirkegård oder die weiten Grünanlagen des Fælledparken mit Skatebahnen und Spielplätzen sind beliebte Freizeitareale.

Søerne, einfach die »Seen«, heißen die drei ineinander übergehenden Gewässer, die den historischen Kern von Kopenhagen in einem Halbkreis umfassen. Als Süßwasserreservoire aufgestaut, im Mittelalter auch zur besseren Verteidigung der Landseite genutzt, grenzen der Sankt Jørgens Sø, der Peblinge Sø und der Sortedams Sø immer noch Østerbro, Nørrebro und die sich südlich anschließende Gemeinde Frederiksberg vom eigentlichen Zentrum Indre By ab.

Nørrebro gibt sich recht entspannt, mit Bewohnern aus vielen Ländern der Welt, einer entsprechend vielfältigen Gastronomie und einer freundlich-alternativen Szene rund um den Sankt Hans Torv. Ganz entspannt geht Nørrebro auch mit den inzwischen verstorbenen Mitbewohnern um. Der Assistens Kirkegård ist nicht nur ein wunderschöner Waldfriedhof mit Grabstätten berühmter Kopenhagener. Die Anwohner nutzen den parkähnlichen Friedhof als »grüne Lunge« des Viertels wie ein Naherholungsgebiet. Auf den Wegen sind Fahrräder unterwegs, Jogger traben im Schatten der Bäume, manche nehmen ein Sonnenbad, einige Meter weiter packt ein Paar auf dem Rasen gemütlich den mitgebrachten Picknickkorb aus. Keiner stört sich daran, die Atmosphäre ist friedlich. Zumindest seit den Totengräbern der Schnapsverkauf an die Friedhofsbesucher verboten wurde. Aber das war schon 1813.

Østerbro gehört zu den grünsten Stadtteilen Kopenhagens – dank der Grünanlagen von Fælledparken, dem mit einer Ausdehnung von 50 ha größten Park der Stadt Kopenhagen, also Frederiksberg ausgenommen. Hier befinden sich auch das Fußballstadion Parken mit dem Gourmetrestaurant Geranium sowie andere Sportstätten, außerdem viele Kinderspielplätze und Wiesen, auf denen auch Hunde herumtollen dürfen. Kein Wunder, dass sich hier Familien mit Kindern so wohl fühlen. Entlang der Dag Hammerskjölds Allé reihen sich zudem diverse Botschaften sowie viele Kunstauktionshäuser und Antiquitätenhändler aneinander. Der Osten des Stadtteils grenzt mit Langelinie, Nordhhavn und Strandbad Svanemøllestranden an den Öresund. Vor den Kaimauern sitzt die Kleine Meerjungfrau › S. 89. Das Kreuzfahrtterminal an der Langelinie bietet ein Shoppingcenter und das am Oceankaj im Nordhavn lohnt einen Abstecher für Freunde neuer, umweltverträglicher Architektur, die hier beispielsweise mit einem begrünten Dach aufwartet.

TOUR IN DEN VIERTELN

TOUR
8

JENSEITS DER STADTSEEN

VERLAUF: Dronning Louises Bro ›
Blågårdsgade › Ravnsborggade ›
Sankt Hans Torv › Assistens Kir-
kegård

KARTE: Seite 131
DAUER: 4 Std., 2,5 km
PRAKTISCHE HINWEISE:
• Hier geht es weder um Museen
  noch Kunstwerke, sondern um das
  Leben des munteren Stadtquar-
  tiers.
• Die Geschäfte sind So geschl.,
  manche auch Mo.
• Lohnend ist auch die Erkundung
  der Gegend um die Jægersborgga-
  de nördlich des Friedhofs oder ein
  Abstecher Richtung Fælledparken
  in Østerbro.

TOUR-START: DRONNING
LOUISES BRO **1** ▮ F3
Jeden Tag überqueren viele Tausend
Fußgänger und Fahrradfahrer die
1887 errichtete Dronning-Louises-
Brücke, die zwischen Peblinge Sø
und Sortedams Sø die Innenstadt
mit dem Stadtteil Nørrebro verbindet. Beim Umbau vor einigen Jahren wurden Bürgersteige und Radwege verbreitert, sodass sich der

Autoverkehr inzwischen stark reduziert hat. Seitdem nutzen viele die
Brücke nicht mehr nur zur Über-
querung der Seen, sondern auch als
Rastplatz, Treffpunkt und Ort, um
die Nachmittagssonne oder den
herrlichen Blick über die Stadtseen
zu genießen. Die Stadtverwaltung
hat wegen der großen Nachfrage sogar zusätzliche Bänke aufgestellt.

BLÅGÅRDSGADE **2** ▮ F3
An der von Mietshäusern gesäumten, autofreien Seepromenade gelangt man mit herrlichem Blick aufs
Wasser schließlich zur Korsgade,
der man nach rechts folgt bis zur
Blågårdsgade mit dem baumbestan-
denen Blågårdsplads rechter Hand.
Hier sollte man sich auf die entspannte Atmosphäre einlassen, die
Straße entlangbummeln, in den
Auslagen der vielen kleinen Geschäfte herumstöbern und irgend-
wo einen frisch gerösteten Kaffee
trinken. In der **Blågårds Apotek**
(Blågårds Pl. 2) gibt es keine Pillen
mehr, sondern Kaffee und Snacks,
vor allem aber Livemusik von mittags bis nachts. Cafés wie das Arabi-
ca (Nr. 12) und Props Coffee Shop
(Nr. 5) und Bars wie die Harbo Bar
(Nr. 2 D) wechseln sich ab mit Blu-
men- und Antiquitätenläden, Musi-
kalien- und Instrumentenhändlern
wie Woodsound (Nr. 16 A) oder
Einrichtungsgeschäften wie Topskat
(Nr. 13). Am Ende der munteren
Gasse, schon auf der Nørrebrogade,
lockt abends die Cocktailbar **Kas-**

sen › S. 46.
Wer freitags zwischen 16
und 22 Uhr an der Bar bestellt, bekommt zwei Cocktails für den Preis
von einem serviert.

RAVNSBORGGADE 3 F3

Noch vor einigen Jahren war die
Straße fest in der Hand der Antiquitätenhändler. Die gibt es zwar immer noch, aber auch viele Trödel-
und Secondhandläden sowie einen
Flohmarkt. So kann man hier nach
Herzenslust auf Entdeckungsreise
gehen, alte Teller von Royal Copenhagen oder Silberbestecke von Jensen aufstöbern, geschliffene Gläser
aus dem 18. Jh. erstehen oder alte
Puppen und gebrauchte Jeans.

ZWISCHENSTOPP: RESTAURANTS

Wer leichte Hunger- und Durstgefühle ver-
spürt, ist bei **Bevars** 1 €€ F3 richtig.
Frühstück, Smørrebrød , Suppen oder Salate, Kaffee, Saft oder Bier.

Ruhe für alle auf dem Assistens Kirkegård

- Ravnsborggade 10 B | Tel. 5059 0993
www.bevars.dk

Bierliebhaber können im lokalen Brauhaus
Nørrebro Bryghus 2 €€ F3 die haus-
eigenen Biere probieren – vom Pilsner und
Lager über India Pale Ale bis Bock und
Klosterøl –, mit Blick auf die blank geputz-

💬 **SØREN KIERKEGAARD**

Søren Aabye Kierkegaard (1813–1855) war den Kopenhagenern seiner Zeit
wohlbekannt, aus seinen Schriften über Leben und Glauben, aber auch als
Flaneur, der als aufmerksamer Beobachter durch die Straßen der Hauptstadt
schritt und seine Notizen in philosophischen Schriften verarbeitete. Als sieb-
tes und jüngstes Kind eines wohlhabenden Kaufmanns geboren, konnte er
sich ohne ökonomische Not auf seine Studien der Philosophie und Theologie
konzentrieren. Abgesehen von kurzen Aufenthalten in Berlin, verbrachte er
sein Leben in Kopenhagen. Selbstzweifel und Existenzangst plagten ihn so,
dass er die Verlobung mit seiner großen Liebe Regine Olsen löste. Unter
Pseudonymen beschrieb er drei Zustände menschlicher Existenz: ästhetisch-
sinnlich, ethisch-reflektiert und religiös-paradox. Scharfsinnig und mit Humor analysierte er biblische Texte und geriet dabei in Widerspruch zur dänischen Amtskirche, der er vorwarf, das wahre Christentum zu verhindern. Für
ihn war der Glaube, nicht die Kirche wichtig. 1855 erlitt er einen Schlaganfall,
an dessen Folgen er mit 42 Jahren starb.

GRATIS ENTDECKEN

- Besonders familienfreundlich zeigt sich das **Havnebadet Sluseholmen** am Südhafen mit Kinderbecken und freiem Eintritt (Ben Websters Vej 69).
- Umsonst und draußen: Bei den sommerlichen Kinonächten von **Zulu Sommerbio** im Fælledparken muss man höchstens ins Picknick investieren. > S. 67
- Wer in die Welt der Wikinger, anderer fremder Kulturen und ferner Zeiten oder die hohe Kunst vom Mittelalter bis zur Gegenwart eintauchen möchte, profitiert in **Nationalmuseet** > S. 75 und **Statens Museum for Konst** > S. 94 vom freien Eintritt.
- Das Königstor von Schloss Christiansborg krönt ein 106 m hoher **Turm.** Bequem und kostenlos geht es mit dem Aufzug hinauf, schöne Aussicht inklusive. > S. 77
- Freiwillige Spenden sind natürlich willkomen, aber ansonsten kosten die Stadtrundgänge nichts: **Copenhagen Free Walking Tours** führen vorbei am Tivoli über den Strøget zu Nyhavn und Amalienborg Slot, gewürzt mit unterhaltsamen Geschichten über Prinzen, Politiker und Dichter (ab Kopenhagener Rathaus > S. 98, tgl. 11 Uhr, in Englisch).
- Gratis ist der Zugang zum parkähnlichen Assistens Kirkegård mit all den Grabmälern von Berühmtheiten. > S. 130

ten Sudkessel. Die Küche sorgt für eine gute und wohlschmeckende Grundlage.
- Ryesgade 3 | Tel. 3530 0530 www.noerrebrobryghus.dk

SANKT HANS TORV 4 📕 F2

Die Sankt Hans Gade führt zum großen Sankt Hans Torv im Herzen von Nørrebro. Dieser Platz verdankt seine Attraktivität dem Rückbau der Straßenkreuzung. Neben dem alten Kiosk mit dem spitzen Uhrentürmchen sorgt die mächtige abstrakte Granitskulptur »Huset der regner« (1993, Das Haus, das regnet) von Jørgen Haugen Sørensen für Diskussionsstoff und mit seinen Wasserspielen bei Hitze für Erfrischung. Dazu kommen viele Cafés, wie Kaffeplantagen, Café Plenum und Sebastopol, die vom Frühstück bis zum Mitternachtsimbiss leckere Kleinigkeiten servieren und schon bei den ersten Sonnenstrahlen ihre Stühle rausstellen. Klettern die Temperaturen, ist ein Besuch beim Eiscafé Paradis Is unumgänglich.

Im Anschluss bummelt man weiter durch die schmale **Elmegade**, die wegen ihres Flairs, den kleinen Cafés, Restaurants und Boutiquen auch »Nørrebros Quartier Latin« genannt wird.

ASSISTENS KIRKEGÅRD
5 📕 E2/3

Die breitere Nørrebrogade führt nach Norden direkt zum Assistens Kirkegård, dem wichtigsten Friedhof der Stadt. Seit 1760 begraben die Kopenhagener hier ihre Toten, viele der Grabstätten sind kunstvoll gestaltet, sodass über die Jahre ein frei zugänglicher Skulpturenpark entstanden ist. Hier fanden auch Hans Christian Andersen, Søren Kierkegaard und der Physiker Niels Bohr ihre letzte Ruhe. › mehr S. 17 Punkt ❸ Die Stadt bietet im Sommer auch Führungen an, allerdings nur in Dänisch (Eingänge Nørrebrogade oder Kapelvej 2, April bis Sept. 7–22, Okt.–März 7–19 Uhr; Führungen März–Okt. So 14 bis 15.30 Uhr, 50 DKK).

Auf dem Bürgersteig entlang der Friedhofsmauer breitet sich im Sommer jeden Samstag der Trödelmarkt aus. Die Hobbyhändler rücken bereits frühmorgens an, um sich einen guten Platz zu sichern. Sie präsentieren ihre Ware, darunter Kaffeetassen, Lederjacken, Postkarten und Bilderrahmen auf bunten Decken oder schmalen Tapeziertischen (Nørrebrogade bis Nørrebro Runddel, Mai–Okt. Sa 10–16 Uhr).

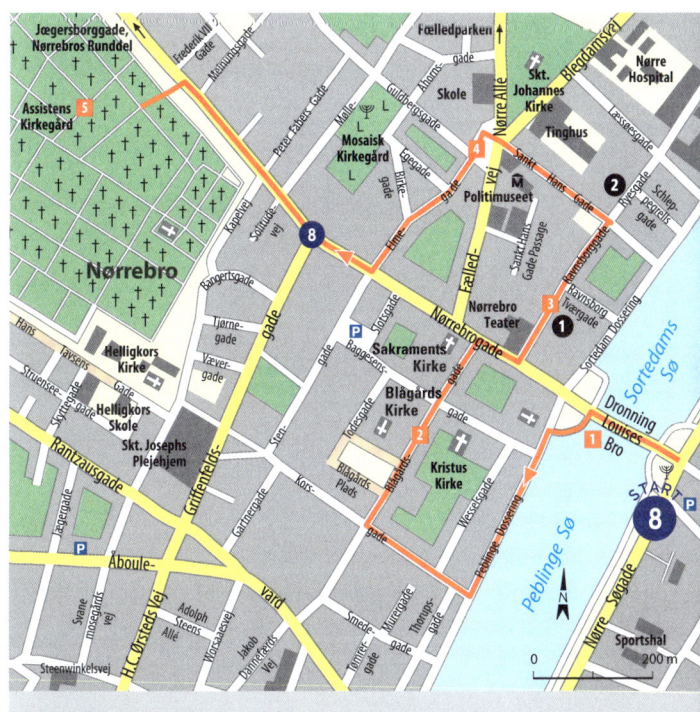

TOUR ⑧

JENSEITS DER STADTSEEN

AUSFLÜGE & EXTRA-TOUREN

Hirschkühe und ihr Nachwuchs ziehen durch den Park Jægersborg Dyrehave mit dem Eremitageslottet

AUSFLÜGE

DÄNISCHE RIVIERA

VERLAUF: Hellerup › Charlottenlund › Klampenborg › Bakken › Ordrupaard › Frilandsmuseet Lyngby

KARTE: Seite 134
DAUER: 1 Tag, 50 km
PRAKTISCHE HINWEISE:

- Mit dem Auto auf Østerbrogade und O 2 bis Hellerup. Der Strandvejen führt nach Charlottenlund und Klampenborg. Auf Dyrehavevej und Klampenborgvej mit Abstechern nach Bakken und Ordrupgaard bis Lyngby I, auf der Lyngby Hovedgade zum Frilandsmuseet und zurück nach Kopenhagen über die Straßen 201 und E 19.
- Mit dem Öresundzug oder mit der S-Bahn bis Hellerup. Von dort mit der S-Bahn C nach Charlottenlund. Weiter mit der S-Bahn C nach Klampenborg. Bus 388 Richtung Lyngby Station bis zur Haltestelle Dyrehavn. Von dort zu Fuß Abstecher nach Bakken. Weiter mit Bus 388 bis Halt Ordrupgaard, anschließend mit Bus 388 zum Bahnhof in Lyngby und weiter mit Bus 184 bis zum Frilandsmuseet. Zurück geht es mit der S-Bahn A vom Bahnhof Lyngby in 30 Min. zum Kopenhagener Hauptbahnhof.
- Museen Ordrupgaard und Lyngby Mo, Restaurant Røde Cottage, Klampenborg So geschl.
- Badesachen mitnehmen!

Hellerup 1, gleich nördlich von Kopenhagen, wird zum »Whiskey Belt« der Hauptstadt gezählt. »Selbst in der Dunkelheit, selbst im Winter liegt Hellerup in einer anderen Dimension als Kopenhagen«, beschreibt Peter Høeg in seinem Roman »Fräulein Smillas Gespür für Schnee« den Villenvorort. Im kleinen Strandbad fühlen sich vor allem Familien mit Kindern wohl, denn der Strand fällt flach ins Wasser ab. Am nördlichen Stadtrand steht mit dem **Experimentarium** außerdem ein Besuchermagnet für Kleine und Große. Spielerisch erfährt man hier alles über Naturgesetze und Technik. Anfassen ist nicht nur erlaubt, sondern erwünscht (Tuborg Havnevej 7, Hellerup, Tel. 3927 3333, www.experimentarium.dk, Mo–Fr 9.30–17, Sa/So 10–17 Uhr). »Auch **Charlottenlund 2** ist von herrlichen Villen von Besserverdienenden geprägt.

In **Klampenborg 3** wartet ein Strandbad Bellevue, das Arne Jacobsen im Stil des Funktionalismus entwarf, nur 5 Gehminuten vom Bahnhof entfernt. Genauso weit ist es auch zum 11 km² großen Wildpark Jægersborg Dyrehaven, der sich von Klampenborg nach Norden zieht und in dem etwa 2000 Hirsche leben. Mitten im Wald steht das Røde Cottage, ein altes Forsthäuschen mit Restaurant (Strandvejen 550, Klampenborg, Tel. 3990 4614, www.denroedecottage.dk, Mo–Sa 18–24 Uhr).

Auch **Bakken** 4 ist von Klampenborg nur wenige Gehminuten entfernt. Der älteste Vergnügungspark der Welt wurde schon 1583 gegründet, allerdings seither kräftig ausgebaut. Dutzende Fahrgeschäfte, Spielhallen, Schießbuden, Restaurants und Cafés erfreuen Kinder und Erwachsene gleichermaßen (Dyrehavevej 62, Klampenborg, Tel. 3963 3544, www.bakken.dk, Mitte März–Mitte Sept. wechselnde Öffnungszeiten, siehe Website).

Eine Attraktion für Kulturfreunde wartet in **Ordrupgaard** 5 ⭐, das zwar zu Charlottenlund gehört, aber näher bei Klampenborg liegt. Der Landsitz und die Kunstsammlung des Kaufmanns Wilhelm Hansen (1868–1936) bilden die Basis des Museums, in dem vor allem die Werke französischer Impressionisten, von Monet und Gauguin be-

geistern. Dazu kommt ein Juwel zeitgenössischer Architektur: Zaha Hadids Erweiterungsbau öffnet sich mit großen Glasflächen zum Park, der mit aktueller Kunst gestaltet ist und durch den man zum früheren Wohnhaus des Designers Finn Juhl (1912–1989) gelangt. Das norwegische Architektenbüro Snøhetta schafft derzeit mit dem Himmelhaven neue Ausstellungsräume (Vilvordevej 110, Charlottenlund, Tel. 3964 1183, http://ordrupgaard.dk, Museum bis 2020 geschl., Kunstpark tgl. 8–18 Uhr, Eintritt frei).

Letzte Etappe ist das **Frilandsmuseet Lyngby** 6. Auf dem 86 ha großen Gelände sind Bauernhöfe, Windmühlen und Häuser von 1650 bis 1940 aus ganz Dänemark aufgebaut (Kongevejen 100, Lyngby, Tel. 4120 6455, www.natmus.dk, Mai bis Okt. Di–So 10–16 Uhr).

Das Herrenhaus in Ordrupgaard bietet Einblicke ins 19. Jh.

SÜDEN DER METROPOLE

VERLAUF: Kopenhagen › Blå Planet ›
Ørestad › Dragør › Kopenhagen

KARTE: Seite 134
DAUER: 5–6 Std., 43 km
PRAKTISCHE HINWEISE:

- Mit der Metro M2 bis Kastrup Station, dann ca. 8 Min. zu Fuß. Von
Kastrup bis zur Ørestad Station
wieder mit der Metro M2. Weiter
mit dem Bus 33 bis nach Dragør.
Zurück nach Kopenhagen am besten mit dem Bus 35 vom Kongevejen bis Flughafen, dort in den
Øresundzug umsteigen, der zum
Hauptbahnhof fährt.
- Mit dem Auto über den Amager
Boulevard und den Amager
Strandvej zum Blå Planet. Von dort
auf der E 20 nach Ørestad, dann
über die E20 und 221 nach Dragør
und auf der 221 wieder zurück
nach Kopenhagen.

Kopenhagens modernes Aquarium
Blå Planet 7 11 befindet sich in
einem fantastischen, mit silbern
schimmernden Platten verkleideten
Bau (2013), den das dänische Archi-
tekturbüro 3xn schuf. Vom Zentrum gehen fünf geschwungene
Arme aus, sodass das Gebäude von
oben einem Wasserstrudel ähnelt.
Es steht direkt am Øresund und
wird an den anderen Seiten von einer beeindruckenden Poolland-
schaft eingefasst. Im größten Be-
cken, das 4 Mio. l Meerwasser fasst
und durch das ein Acryltunnel

führt, schwimmen Hammerhaie,
Rochen und Muränen. Knallbunte
Fische, Seeanemonen und Krebse
und andere Meerestiere bevölkern
ein künstliches Korallenriff. Im
Amazonasbereich flattern tropische
Schmetterlinge durch die Lüfte,
während unter Wasser 3000 Piran-
has auf Beute lauern (Jacob Fort-
lingsvej 1, Kastrup, Tel. 4422 2244,
www.denblaaplanet.dk, Mo 10–21,
Di–So 10–18 Uhr).

In **Ørestad 8** ⭐ hat die Zukunft schon begonnen. Im Jahr
2020 sollen hier gut 20 000 Menschen wohnen und noch mehr arbeiten, in teils supermodernen Gebäuden, wie den VM Houses (2005),
Bjerget (2008) und 8Tallet (2010)
des Architekten Bjarke Ingels. Auch
das neue Konzertgebäude des Dänischen Rundfunks von Jean Nouvel
mit seiner bemerkenswerten Akustik steht hier. › mehr S. 16 Punkt 25
Das Bella Center ist derzeit das
größte Ausstellungs- und Konfe-
renzzentrum in Skandinavien. Sein
Wahrzeichen sind die beiden verdrehten Türme des Bella Sky Hotel
› S. 32. Im Westen von Amager wurde eine künstliche Insel aufgeschüt-
tet, mit 4,5 km langen Sandsträn-
den, Dünen und einer Lagune. Das
Naherholungsgebiet ist bei den Kopenhagenern vor allem im Sommer
sehr beliebt. › mehr S. 12 Punkt 4

Mit roten Schindeln oder Reet
gedeckte, gelb verputzte Häuschen,
kopfsteingepflasterte Gassen, bunte
Fischerboote im Hafen: Das be-
schauliche **Dragør 9** im Südosten
der Insel Amager bietet ein echtes
Kontrastprogramm zum futuristi-

schen Ørestad (www.visit-dragoer. dk). Bei einem Bummel entdeckt man in der Hauptstraße einige Geschäfte für Kunsthandwerk und Galerien. Am Hafen imponiert der Blick auf die Öresundbrücke. Wer Fisch mag, sollte unbedingt die Dragør Røgeri am Alten Hafen ansteuern, denn direkt aus dem Rauch schmecken die Heringe am besten (http://dragor-rogeri.dk, Do–So 10 bis 16 Uhr). › mehr S. 13 Punkt ❾

PRAKTISCHE HINWEISE:
- Mit der S-Bahn E dauert es 25 Min. bis Ishøj. Vom Bahnhof fährt der Bus 128 direkt zum Museum.
- Mit dem Auto auf der E 20 bis Ishøj Strandpark, links halten und über die 243 zum Museum.
- Museum Mo geschl.
- Der Ausflug lässt sich mit dem in den Süden der Metropole, besonders gut mit Ørestad, verbinden.

ARKEN ❿

VERLAUF: Kopenhagen › Ishøj › Kopenhagen

KARTE: Seite 134
DAUER: 4–5 Std., 40 km

Eine Arche für Gegenwartskunst

Kunstliebhaber sollten sich diesen Ausflug nach Ishøj zum **Arken Museum for Moderne Kunst** ⭐ nicht entgehen lassen. »Arken« heißt auf Deutsch Arche. Darauf bezieht sich die Architektur des Gebäudes, das wie der scharf geschnittene Bug eines Schiffes aus den Wellen am Strandpark von Ishøj auftaucht. Außerdem verweist der Name auf die bewahrende Funktion des Museums, das besonders für seine Sammlung zeitgenössischer Kunst bekannt ist, mit Werken von Ai Weiwei über Olafur Eliasson und Damien Hirst bis Lawrence Weiner. Jungen dänischen und internationalen Talenten widmen sich die meisten der Wechselausstellungen. Dazu kommen Skulpturen im Außenbereich, der landschaftlich so gestaltet wurde, dass das Museum als »Kunstinsel« zwischen Lagunen, Dünen und Schilf erscheint. Und vom Café genießt man einen herrlichen Blick auf den Strand (Skovvej 100, Ishøj, Tel. 4354 0222, www.ar ken.dk, Di bis So 10–17, Mi bis 21 Uhr).

Beste Aussichten für eine Pause beim Stadtrundgang in Roskilde bietet der Rathausplatz

ROSKILDE 11

VERLAUF: Kopenhagen › Roskilde › Kopenhagen

KARTE: Seite 134
DAUER: 5–6 Std., 70 km
PRAKTISCHE HINWEISE:
- Mit der Regionalbahn dauert es 30 Min. vom Kopenhagener Hauptbahnhof bis nach Roskilde. Von der Bahnstation sind es 5 Min. zu Fuß bis zum Dom und weitere 10 Min. durch den Stadtpark bis zum Wikingerschiffmuseum am Roskilde Fjord.
- Mit dem Auto geht es auf der Straße 21 hin und zurück.

Den Besuch der heutigen Universitätsstadt und früheren Residenz der dänischen Könige lohnt vor allem wegen des mächtigen doppeltürmigen Doms und der 1000 Jahre alten Wikingerschiffe, die man 1962 im Schlick des Fjords entdeckte.

Der aus Backstein errichtete und 1275 vollendete gotische **Dom** ⭐ im Zentrum von Roskilde ist das größte Gotteshaus Dänemarks und gehört zum UNESCO-Weltkulturerbe. Hier fanden 39 Könige und Königinnen ihre letzte Ruhestätte. Besonders große Pracht entfaltet die Grabkapelle von Christian IV. mit kunstvollen Wandmalereien und einer Bronzestatue von Bertel Thorvaldsen. Das fein geschnitzte Antwerpener Retabel des Hauptaltars zeigt Szenen aus dem Leben Christi. Ungewöhnlich: Auf der sogenannten Königssäule aus Granit sind die Körpergrößen verschiedener europäischer Herrscher markiert (Domkirkestræde 10, Roskilde, Tel. 4635 1624, http://visit.roskildedomkirke.dk, Juli tgl. 10–18, Juni, Aug. Mo–Sa 10–18, So 13–16, Mai, Sept. Mo–Sa 10–17, So 13–16, Okt.–April Mo–Sa 10–16, So 13–16 Uhr)

Fünf originale Wikingerschiffe, die vor 1000 Jahren wohl als Einfahrtsperre im Fjord versenkt wurden, sind gehoben, restauriert und im **Vikingeskib Museet** am Roskilde Fjord ausgestellt. Im Sommer können Besucher auf der museumseigenen Bootswerft den Bau eines Wikingerschiffes verfolgen (Vindeboder 12, Roskilde, Tel. 4630 0200, www.vikingeskibsmuseet.dk, tgl. 10 bis 16 Uhr). › mehr S. 13 Punkt ❻

Zum **Roskilde Festival** Ende Juni kommen internationale Stars und Zehntausende Fans. Der Überschuss aus den Eintrittsgeldern geht in humanitäre Projekte.

KULTUR IM NORDEN

VERLAUF: Kopenhagen > Rungsted > Humlebæk > Kopenhagen

KARTE: Seite 134
DAUER: 6–7 Std., 86 km
PRAKTISCHE HINWEISE:
- Mit dem Nahverkehrszug 29 Richtung Helsingør bis Rungsted Kyst (ca. 30 Min.), das Karen-Blixen-Museum ist ausgeschildert (ca. 15 Min.). Von dort Bus 388 bis Louisiana (20 Min.). Von Humlebæk nach Kopenhagen Zug 29 (40 Min.)
- Mit dem Auto auf der E 47 Richtung Helsingør bis zur Abfahrt Vedbæk. Dann folgt man Straße 152 bis zum Karen-Blixen-Museum und weiter zum Louisiana Museum. Zurück nimmt man die E 47.
- Museen Mo geschl.
- Badesachen mitnehmen.

Tauwerk im Wikingerschiffmuseum

In Rungstedlund, dem Haus ihrer Eltern, ist Karen Blixen aufgewachsen, hierher ist sie nach ihren Jahren in Afrika zurückgekehrt. In dem Wohnhaus ist nun das **Karen Blixen Museet** 12 untergebracht, in dem ihr dramatisches Leben dokumentiert ist mit vielen persönlichen Fotos, Erinnerungen aus Kenia, ihrer teils extravaganten Kleidung, ihren Büchern, Briefen, Gedichten auch aus ihrer Kindheit und Jugendzeit sowie Manuskripten und Erstausgaben ihrer schriftstellerischen Werke. Sie schrieb nicht nur über ihr Leben in Afrika, sondern auch fantastische Erzählungen und solche die in Dänemark spielen. Wohnräume und Arbeitszimmer blieben mit der originalen Einrichtung erhalten.

Eine Ausstellung zeigt die weniger bekannte Seite der Autorin als Zeichnerin und Malerin. Karen Blixen liegt im Park des Hauses am Fuße eines Hügels begraben. Der Spaziergang dorthin führt vorbei an alten Buchen, Obstbäumen und Blumenbeeten, begleitet von Vogelgezwitscher, denn auf dem Grund-

stück brüten etwa 40 verschiedene Arten (Rungsted Strandvej 111, Rungsted Kyst, Tel. 4557 1057, http://blixen.dk, Juli/Aug. tgl. 10 bis 17, Mai/Juni, Sept. Di–So 10–17, Okt.–April Mi–Fr 13–16, Sa/So 11 bis 16 Uhr).

Das **Louisiana Museum of Modern Art** 13 12 gehört zu den schönsten und renommiertesten Kunstmuseen der Welt. Außerdem ist hier gelungen, was Seltenheitswert hat, die Architektur der Museumsräume und die ausgestellten Werke mit der umgebenden Natur und der Landschaft am Öresund zu verbinden. So scheinen die schlanken, schreitenden Figuren von Giacometti aus dem Ausstellungssaal geradewegs durch die Glaswand auf die davor liegende Wiese weitergehen zu können.

Den Skulpturenpark mit Plastiken von Jean Miró, Henry Moore oder Alexander Calder umgibt keine Aura des Unantastbaren, er steht ohne Barrieren allen Museumsbesuchern offen.

1968 machte der Industrielle Knud Jensen seine Sammlung vor allem skandinavischer Kunst samt seiner großen Villa unter dem Namen seiner drei Frauen, die alle (!) Louise hießen, der Öffentlichkeit zugänglich. Seitdem ist sie auf Tausende Werke angewachsen, besonders der klassischen Moderne und zeitgenössischen Kunst. Mit Arbeiten aus allen Phasen seines Schaffens ist etwa Pablo Picasso vertreten. Außerdem werden Künstler der Pop-Art wie Andy Warhol, Roy Lichtenstein und Robert Rauschenberg, darüber hinaus David Hockney, Louise Bourgeois und Bill Viola, Gerhard Richter, Anselm Kiefer und Georg Baselitz präsentiert.

Das Museum rückt neben Alberto Giacometti den bedeutendsten dänischen Künstler der Nachkriegs-

---

💬 **KAREN BLIXEN**

Ihr Leben, zumindest in der Hollywoodversion »Out of Africa« (Jenseits von Afrika, 1985), hat Millionen Zuschauer zu Tränen gerührt. Karen Christenze Dinesen, 1885 in Rungsted geboren, wächst in einem konservativen bürgerlichen Elternhaus auf. Ihr Vater begeht Selbstmord, als sie zehn Jahre alt ist. Nach der Heirat mit ihrem Cousin, dem Baron Bror Blixen-Finecke, zieht sie mit ihm nach Kenia auf die Kaffeeplantage Ngong. Die Ehe ist unglücklich: Zwei Mal steckt ihr untreuer Mann sie mit Syphilis an., bevor sie geschieden wird. Bald darauf verliebt sie sich in Denys Finch Hatton, einen adligen Aussteiger, Intellektuellen und Großwildjäger, der jedoch bei einem Flugzeugabsturz ums Leben kommt. Nach 17 Jahren in Afrika kehrt Karen Blixen nach Dänemark zurück. Unter dem Pseudonym Tania Blixen veröffentlicht sie ihre Lebensgeschichte »Afrika, dunkel lockende Welt«, die zum Bestseller und zur Vorlage des mit sieben Oscars ausgezeichneten Films wird. Sie stirbt 1962, ohne Afrika je wieder gesehen zu haben.

Der lichte Saal der Architekten Bo und Wohlert gehört Giacomettis Schreitenden

zeit und CoBrA-Mitbegründer Asger Jorn (1914–1973) in den Fokus,
seinen Gemälden und Grafiken ist
ein eigener Ausstellungsbereich ge-
widmet. Die gesamte künstlerische
Entwicklung ist nachvollziehbar.

Die 4- bis 16-Jährigen haben im
Kinderhaus viel Spaß: Sie können
bei Workshops nach Herzenslust
malen, zeichnen oder modellieren
(Di–So 11–17.30 Uhr).

Der Museumsshop bietet auf
zwei Etagen eine tolle Auswahl.
› mehr S. 18 Punkt ③⑦ Und das nette
Museumscafé serviert leichte Kost
und delikate Kuchenstücke. Bei gutem Wetter sind die Plätze auf der
Terrasse oder im herrlichen Skulp-
turengarten mit weitem Blick über
den Öresund auf Schweden außerordentlich beliebt. An einigen Tagen finden im Café Konzerte mit
Loungemusik – Jazz, Pop, Electro-
nic – statt, außerdem verfügt Louisiana über einen Kammermusiksaal
mit ausgezeichneter Akustik.

Ach ja, wer seine Badesachen mit
dabei hat: Louisiana bietet sogar einen eigenen Badesteg, den der französische Stararchitekt Jean Nouvel
schuf (Gammel Strandvej 13, Humlebæk, Tel. 4919 0719, www.louisi
ana.dk, Di–Fr 11–22, Sa/So 11 bis
18 Uhr).

MALMÖ

VERLAUF: Kopenhagen › Øresundsbroen › Malmö › Kopenhagen

KARTE: Seite 143
DAUER: 1 Tag, 40 km
PRAKTISCHE HINWEISE:
- Anreise: Idealerweise per Bahn. Die Regionalbahnen oder der Öresundzug verkehrt alle 20 Min. von Kopenhagen nach Malmö Centralstationen (Fahrtzeit: 45 Min.).
- Brückenmaut: 50 € Auto/Passage

Sie hält den Rekord als weltweit längste Schrägseilbrücke für Straßen- und Eisenbahnverkehr. Die knapp 8 km lange **Øresundsbroen** 14 nutzen täglich etwa 200 Züge und 17 000 Fahrzeuge. Schilder markieren die Grenze zwischen Dänemark und Schweden. Vor allem aber verbindet sie Kopenhagen und den Osten Seelands eng mit dem westlichen Teil der schwedischen Provinz Schonen. In der sogenannten Öresundregion sind die kulturellen, politischen und wirtschaftlichen Bande intensiv. Fast 10 000 Pendler von beiden Seiten erreichen über die Brücke ihren Arbeitsplatz im Nachbarland (www.oresundsbron.com).

Schon von Weitem grüßt **Malmö** 15 mit dem 190 m hohen verdrehten Wolkenkratzer »Turning Torso« des spanischen Architekten Santiago Calatrava aus dem Westhafen **Västra Hamnen** Ⓐ. Vom Hauptbahnhof geht es bei der Stadterkundung zunächst in das ehemalige Industrieviertel, das in ein attraktives Stadtquartier umgewandelt wurde. Der Weg ins Zentrum führt auf der Uferpromenade am Öresund und

---

💬 TV-SERIE »DIE BRÜCKE«

Mitten auf der Öresundbrücke liegt eine Leiche, ermitteln müssen Polizisten aus Malmö und Kopenhagen gemeinsam, in einem Fall, der immer komplizierter und unheimlicher wird. Das Aufklärerteam um die von Sofia Helin verkörperte, autistisch veranlagte Ermittlerin Saga Norén aus Malmö und ihren von Kim Bodnia dargestellten Kopenhagener Kollegen Martin Rohde ermittelt. Die dänisch-schwedische Krimiserie »Die Brücke« mit bislang vier Staffeln verfolgen Zuschauer in mehreren Dutzend Ländern. Immer geht es wie im ersten Fall (Tod auf der Brücke) um Verbrechen mit spannender, komplexer Handlung, fesselnden Charakteren, rau und ungeschliffen. Bis dahin kannten die Schauspielerin Sofia Helin vor allem schwedische Theaterbesucher. Inzwischen reißen sich Magazine und Talkshows um Interviews mit ihr. Nordic Noir Tours aus Kopenhagen bieten Rundgänge zu den Drehorten auf dänischer Seite an (Sa 16 Uhr ab Vesterport Station, http://nordicnoirtours.com). Und Malmö hat einen Stadtplan mit den wichtigsten Drehorten in deutscher Sprache herausgebracht.

am Turbinkanalen entlang durch den Slottsparken zum **Malmöhus Slott** Ⓑ, dem ältesten noch erhaltenen Renaissanceschloss Nordeuropas (Malmöhusvägen 6, tgl. 10 bis 17 Uhr). Die Hjorttacke- und Jöns Filsgatan führen zum **Lilla Torg** Ⓒ. Das nette Flair auf dem kleinen Platz genießt man am besten bei einem Essen im Bastard (www.bastardrestaurant.com). Anschließend bummelt man über den Stortorget, vorbei am Rathaus bis zur gotischen **St. Petri Kyrka** Ⓓ aus dem 14. Jh., dann weiter über die Rundels-, die Rörsjö- und die Stora Nygatan zum **Moderna Museet** Ⓔ. Das in einem alten Elekrizitätswerk eingerichtete Kunstmuseum stellt Werke des

20./21. Jhs. aus (Ola Billgrens Plats 2, www.modernamuseet.se, Di–So 11–18 Uhr) und danach gemütlich zurück zum Bahnhof.

INFOS

Malmö Turistbyrå
- Lugna gatan 84
  Malmö | Tel. 0046 4034 1200
  www.malmotown.com

RESTAURANT

Bastard €

So ein Ausflug macht hungrig, da passt die bodenständige skandinavische Küche.
- Mäster Johansgatan 11
  Malmö | Telefon 0046 4012 1318
  www.bastardrestaurant.se
  So/Mo geschl.

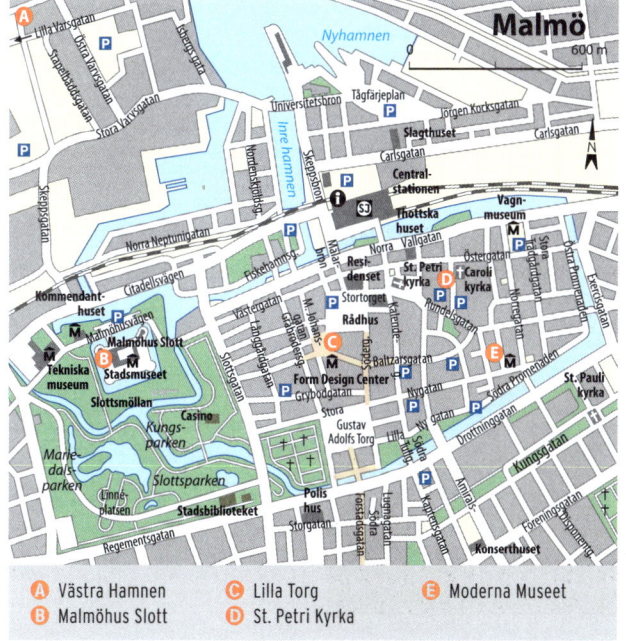

Ⓐ Västra Hamnen   Ⓒ Lilla Torg   Ⓔ Moderna Museet
Ⓑ Malmöhus Slott   Ⓓ St. Petri Kyrka

EXTRA-TOUREN

TOUR
9

EIN WOCHENENDE IN KOPENHAGEN

VERLAUF: Rådhuspladsen › Strøget › Nyhavn › Tivoli › Nationalmuseet › Christiansborg › Vor Frelsers Kirke › Christiania › Kødbyen › Rundetaarn › Amalienborg Slot › Lille Havfrue › Rosenborg Slot › Sankt Hans Torv

KARTE: Faltkarte
DAUER: 2 1/2 Tage
VERKEHRSMITTEL: Der Hauptbahnhof liegt an allen 3 Tagen günstig, hier halten alle S-Bahnlinien und die Buslinien 2 A, 5C, 6A, 9A, 10, 14, 34. Ansonsten zu Fuß.

1. TAG: Man sollte die erste Stadterkundung in Kopenhagen etwas ruhiger angehen und zunächst vom Bahnhof aus am Tivoli vorbei zum **Rådhuspladsen** › S. 97 bummeln. Sowohl das Rathaus als auch das alte Industriehaus lohnen einen Blick. Hoffentlich verheißen die Wettermädchen nur Sonnenschein. Dann folgt man der von Geschäften gesäumten Fußgängerzone **Strøget** › S. 99 zum **Amagertorv** › S. 101. Nach einer kleinen Stärkung im Royal Smushi Café ist man gewappnet für einen Besuch in Illums Bolighus. Dann geht es auf dem Strøget zum **Kongens Nytorv** › S. 102, weiter zum **Nyhavn** › S. 104 und im stimmungsvoll milden Abendlicht an der Hafenpromenade Richtung Süden. Zum Essen empfiehlt sich das Restaurant Søren K im **Sorte Diamant** › S. 80.

Dänische Königskrone

2. TAG: Auf in den **Tivoli** › S. 72 zum Staunen und Achterbahn fahren! In einem der vielen Imbisse, Cafés und Restaurants kann man sich erfrischen und ausruhen, bevor es dann weitergeht zum **Nationalmuseet** › S. 75, um den Wikingern wenigs-

Am Nyhavn beobachten Restaurant- und Cafébesucher die Flaneure

tens mit einer Stippvisite die Ehre zu erweisen. Es folgt ein Besuch in **Christiansborg Slot** › S. 77, den Sitz des dänischen Parlaments auf der Schlossinsel. Über die Knippelsbro gelangt man über den Inderhavnen ins Viertel Christianshavn. Nach einer Turmbesteigung der **Vor Frelsers Kirke** › S. 110 kann man in der Freistadt **Christiania** › S. 112 seltsame Düfte schnuppern und Graffiti bestaunen. Abends geht es nach **Kødbyen** › S. 120 in Vesterbro. Dort im Szeneviertel genießt man den köstlichen Fisch in Kødbyens Fiskebar, danach ein Bier oder einen Cocktail, dazu Musik. Wer will kann hier die Nacht durchfeiern.

3. TAG: Zunächst geht es durchs studentische Latinerviertel zum **Rundetaarn** › S. 100. Unterwegs gibt es als kleinen Snack einen leckeren Hotdog, dann spaziert man zum Schloss **Amalienborg** › S. 82 und weiter gen Norden bis zur **Lille Havfrue** › S. 89, bei der man umkehrt. Durch den herrlichen Schlosspark **Rosenborg Have** › S. 91 gelangt man schließlich zum **Rosenborg Slot** › S. 92, wo man die Kronjuwelen bewundern kann. Die **Dronning Louises Bro** › S. 128 führt ins alternative Nørrebro. Hier gönnt man sich zum Abschluss am **Skt. Hans Torv** › S. 130 noch ein entspanntes Abendessen und lässt das Wochenende Revue passieren.

SHOPPING TOTAL IN KOPENHAGEN

VERLAUF: Nørregade › Strøget › Amagertorv › Kongens Nytorv › Nyhavn › Kongensgade › Rådhus Frederiksberg › Assistens Kirkegård

KARTE: Faltkarte
DAUER: 1 1/2 Tage
VERKEHRSMITTEL: Am 1. Tag S-Bahn, Metro (alle Linien) oder Bus 5C, 6A, 14, 42, 184, 185 bis Nørreport Station. Am 2. Tag Bus 2A, 5C, 6A, 12, 14, 26 bis Frederiksberg Rådhus, dann mit Bus 5C bis Nørrebro Runddel und weiter bis Jarmers Plads.

1. TAG – DESIGN UND SÜSSES: Von der Nørreportstation spaziert man zunächst die Nørregade hinunter. Es geht gleich süß los mit Sømods Bolcher ▮ G4. Die leckeren Bonbons werden schon seit 100 Jahren an den königlichen Hof geliefert. Es gibt sie in vielerlei Variationen – und alle sind unwiderstehlich (Nørregade 24 und 36 B, Tel. 3312 6046, http://soemods-bolcher.dk). › mehr S. 17 Punkt **32** Wenige Minuten zu Fuß und ein anderer süßer Duft dringt auf die Straße. Schuld daran ist Peter Beier Chocolat › S. 45

Das Kaufhaus Magasin du Nord ist auf skandinavische Produkte spezialisiert

mit seinen exquisiten Schokokreationen, der Kakao kommt von der eigenen Plantage. Anschließend bummelt man den **Strøget** › S. 99 entlang bis zum Illum Bolighus am **Amagertorv** › S. 101, dem Shoppingtempel mit skandinavischem und internationalem Design. Das Kaufhaus unterhält auch einen Lieferservice, wenn also das Reisegepäck zu schwer wird, kann man sich die Einkäufe nach Hause schicken lassen. Weiter geht es auf dem Strøget zum Magasin du Nord am **Kongens Nytorv** › S. 102. Neben viel Design gibt es hier auch Lakrids by Bülow, die leckeren Lakritzkreationen. Vorbei an **Det Kongelige Teater** › S. 103 macht man einen Abstecher um die Ecke zu Brønnum ▮ J4, wo es exzellente Kaffee- und Teespezialitäten zum Muntermachen gibt (August Bournonvilles Passage 1, Tel. 8844 0404, https://bronnumcph.dk). Am **Nyhavn** › S. 104 entlang geht es zurück auf den Kongens Nytorv und in die Store Kongensgade zu Nyt i bo ▮ J3. Hier findet man originelle kleine und große Möbel von bekannten Designern und Newcomern (Store Kongensgade 88, Tel. 3314 3314, www.nytibo.dk).

2. TAG – FLOHMARKT UND SECONDHAND: Der für viele beste Flohmarkt Kopenhagens findet im Sommer auf dem Parkplatz hinter dem **Rådhus Frederiksberg** › S. 121 statt. In der Früh macht man die besten Funde. Wer seine Kräfte etwas einteilen möchte, geht nicht zu Fuß über die Falkoner Allé, sondern nimmt den Bus 5C zu Nørrebros Runddel ▮ E2. Der Trödelmarkt in Nørrebro zieht sich etwa 250 m lang und höchstens 1,50 m breit an der Außenmauer des Friedhofs **Assistens Kirkegård** › S. 130 entlang. Von hier sind es nur wenige Gehminuten zu BauBau ▮ F3 mit den interessanten Kol-

---

💬 HEROLDS VAREHUS

In einem der wenigen übriggebliebenen Häuschen aus der Mitte des 19. Jhs. im Süden Kopenhagens residiert ein besonderes Warenhaus, vollgestopft mit einer Unmenge an Krimskrams. Das Haus selbst ist, rot gestrichen mit schwarzer Dachpappe, in eher dürftigem Zustand. Innen sieht es verwirrend bunt aus, die Regale sind dicht bepackt, doch Ladenchef Connie Hansen weiß jedes seiner Schätzchen sofort zu finden. Allerlei Scherzartikel sind darunter, von der Stinkbombe bis zum Furzkissen, außerdem Feuersteine für amerikanische Feuerzeuge, Anziehpuppen in allerlei Variationen oder klebriges Fliegenpapier, das eigentlich in den Küchen der 1950er-Jahren Insekten den Garaus machen sollte. Henry und Mary Herold gründeten ihren Laden für billiges Vergnügen im Jahr 1895. Inzwischen steht die vierte Generation hinter dem Tresen. Einen Internetshop gibt es inzwischen auch und die Bezahlmöglichkeiten sind nicht von gestern: EC, Visa und Mastercard werden problemlos akzeptiert (Øresundsvej 21 A, Amager, Tel. 3258 3174, http://heroldsvarehus.dk, Di, Do/Fr 10–17, Sa bis 14 Uhr).

lektionen internationaler und skandinavischer Modedesigner (Birkegade 3, Tel. 4086 2937, baubaushop.com). Entweder zu Fuß über die Nørrebrogade und Nørre Darimagsgade oder mit dem Bus 5C bis zum Jarmers Plads erreicht man den originellen Secondhandladen LIAFI Studio ▌ G4. Es lohnt sich, das große Angebot an Designermode und Schuhen aus zweiter Hand nach Schnäppchen zu durchstöbern (Studiestræde 18, Tel. 2169 2061, www. liafistudio.com).

AUF DEN SPUREN VON »BORGEN«

> **VERLAUF:** Christiansborg › Kongelige Bibliotek › Copenhagen Business School › Danmarks Radio › Bernstorff Slot

> **KARTE:** Faltkarte
> **DAUER:** 2 Tage
> **VERKEHRSMITTEL:** 1. Tag zu Fuß, mit der Metro M2 von Christianshavn Station nach Frederiksberg 2. Tag Metro M1 von Kongens Nytorv nach DR Byen Station, von dort 20 Min. zu Fuß bis zur Christian II's Allé. Mit dem Bus 5C von Rycho Brahes Allé zum Hauptbahnhof und weiter mit der S-Bahn B nach Gentofte.

In der dänischen Politserie »Borgen« ist Brigitte Nyborg dänische Premierministerin und Mutter zweier Kinder. Allerdings hält ihre Ehe der Dauerbelastung nicht stand. Der Kampf um politische Macht, Einfluss und die Folgen für das persönliche Leben der Betroffenen wird spannend und lebensnah entwickelt, die fein gesponnenen Intrigen und Dolchstöße aus dem Nirgendwo bestens inszeniert. Viele der Schauplätze in Kopenhagen können besichtigt werden – z. B. mit Hintergrundinformationen und Geschichten drumherum bei einem geführten Rundgang von Nordic Noir Tours (www.nordicnoirtours.com) oder aber auf eigene Faust mit dem Stadtplan in der Hand.

1. TAG: Christiansborg › S. 77, in der erfolgreichen TV-Serie »Borgen«, die Burg, genannt, ist als Parlament, Regierung und Oberster Gerichtshof der Dreh- und Angelpunkt. Serienfans werden einiges wiedererkennen. Am westlichen Eingang parkt Brigitte Nyborg ihr Fahrrad. Im Torweg wartet der Dienstwagen auf sie. Die Freitreppe schreitet Brigitte mit ihrer Familie, nach ihrer Wahl zur ersten weiblichen Premierministerin Dänemarks, em-

Drehort und Angelpunkt der spannenden dänischen Politserie »Borgen« ist Christiansborg

por. Zwischen Christiansborg und der **Kongelige Bibliotek** › S. 80 verbirgt sich der idyllische Garten der Bibliothek. In der Serie spielt er immer dann eine Rolle, wenn sich die Premierministerin mit jemandem zu einem vertraulichen Gespräch trifft, bei dem keine Zeugen erwünscht sind. Anschließend verlässt man Slotsholmen und fährt von Christianshavn nach Frederiksberg zu weiteren Drehorten.

Die **Copenhagen Business School** ▮ C4 in Frederiksberg ist der Arbeitsplatz von Brigittes Mann Phillip Christensen. Gegen Ende der ersten Staffel will er diesen gegen den Vorstandsvorsitz eines dänischen Technologieunternehmens eintauschen, muss jedoch davon zurücktreten, um den Eindruck einer Vermischung von politischem Einfluss und wirtschaftlichen Interessen zu vermeiden (Solbjerg Plads 3, Frederiksberg, www.cbs.dk).

2. TAG: Als Drehort für die Räume des Boulevardblatts »Ekspres« wählte man **Danmarks Radio** (Emil Holms Kanal 20, www.dr.dk) in Ørestad. Nicht weit von dem modernen Gebäudekomplex entfernt liegt das Stadtviertel Eberts Villaby. Am besten schlendert man zu Fuß durch die gutbürgerliche Straße Christian II's Allé mit zahlreichen Villen zu dem Wohnhaus von Brigitte Nyborg und ihrer Familie.

Von hier geht es zum Schloss **Bernstorff Slot** (Jægersborg Allé 93, Gentofte, www.bernstorffslot.dk) bei Gentofte im Norden von Kopenhagen. Die ehemalige Sommerresidenz (18. Jh.) des Außenministers von Frederik V. ist heute ein Hotel und stellt in der TV-Serie den offiziellen Landsitz der dänischen Regierung und den Ort für Regierungskonferenzen dar.

INFOS VON A–Z

ÄRZTLICHE VERSORGUNG

Deutsche Versicherte genießen auch in Dänemark ihren Schutz. Ein Teil der Leistungen muss u. U. selbst bezahlt werden, dieser ist in der Regel aber bei der heimischen Versicherung erstattungsfähig. Das gilt allerdings nicht für jede Behandlung. Aktuelle Infos: www.eu-patienten.de Österreicher können ihre e-card nutzen. Schweizer müssen die Europäische Versicherungskarte ihrer Krankenversicherung mitführen.

Die Steno Apotek beim Hauptbahnhof ist 24 Stunden durchgehend geöffnet, Vesterbrogade 6 C, Tel. 3314 8266, www.stenoapotek.dk

BARRIEREFREIES REISEN

Die meisten öffentlichen Gebäude und Verkehrsmittel sind auf Menschen mit Handicap vorbereitet. Viele nützliche Infos über barrierefreie Angebote findet man auf folgenden Websites: www.godadgang.dk (auch in Deutsch), www.handicap.dk (in Englisch).

DIPLOMATISCHE VERTRETUNGEN

- **Botschaft der Bundesrepublik Deutschland**
  Stockholmsgade 57,
  2100 København Ø,
  Tel. 3545 9900,
  www.kopenhagen.diplo.de
- **Schweizerische Botschaft**
  Richelieus Allé 14,
  2900 Hellerup,
  Tel. 3314 1796,
  www.eda.admin.ch/copenhagen
- **Österreichische Botschaft**
  Sølundsvej 1,
  2100 København Ø,
  Tel. 3929 4141,
  bmeia.gv.at/en/austrian-embassy-copenhagen

EINREISE

Dänemark ist Mitglied des Schengen-Raums, trotzdem muss man zeitweise mit Grenzkontrollen rechnen. Für EU-Bürger genügt ein Personalausweis, Schweizer benötigen einen Reisepass oder eine Identitätskarte. Bei der Einreise mit dem Pkw sind zusätzlich Führerschein, Zulassungsbescheinigung Teil 1 und die Internationale Grüne Versicherungskarte notwendig.

FEIERTAGE

- 1. Januar: Neujahr (Nytår)
- März/April: Gründonnerstag (Skærtorsdag)
- Karfreitag (Langfredag)
- Ostersonntag (Påskesøndag)
- Ostermontag (2. Påskedag)
- Mai: Buß- und Bettag (Store Bededag) am 4. Freitag nach Ostern
- Christi Himmelfahrt (Kristi Himmelfartsdag)
- Pfingstsonntag (Pinsedag)
- Pfingstmontag (2.Pinsedag)
- 25. Dezember: 1. Weihnachtsfeiertag (1. Juledag)
- 26. Dezember: 2. Weihnachtsfeiertag (2. Juledag)

FUNDBÜROS

- Fundbüro (Hittegodskontor) der Polizei Kopenhagen, Politigården, Polititorvet, Tel. 3874 8822.
- Fundstelle der Dänischen Staatsbahnen Tel. 7013 1415, S-Bahn Tel. 3614 1701, Metro Tel. 7015 1615.

GELD

Dänemark hat den Euro nicht eingeführt, allerdings ist die Landeswährung, die Dänische Krone (1 DKK = 100 Øre), eng an den Euro gebunden. Mit der Bankkarte (Maestro oder V Pay) und der persönli-

Geschäfte und Imbisse im Kopenhagener Hauptbahnhof sind rund um die Uhr geöffnet

chen PIN erhält man an Bankautomaten rund um die Uhr Bargeld. EC- und Kreditkarten werden meist akzeptiert.

- **Wechselkurs** (Stand Oktober 2018):
  1 EUR = 7,46 DKK;
  1 CHF = 6,56 DKK;
  1 DKK = 0,13 EUR;
  1 DKK = 0,15 CHF

HAUSTIERE

Hund oder Katze aus einem EU-Land müssen durch Microchip gekennzeichnet sein und brauchen einen EU-Heimtierausweis, in dem die Tollwutimpfung bestätigt ist. Es herrscht Leinenpflicht, Hundekot muss im Beutel, den man dabei haben sollte, entsorgt werden.

INFORMATION

- **Visit Copenhagen**
  Vesterbrogade 4 A,
  1620 København V, Tel. 7022 2442,
  www.visitcopenhagen.de

INTERNET

Diverse Cafés und Restaurants bieten freien Internetzugang per WiFi. Auch im Büro von Visit Copenhagen beim Tivoli gibt es einen kostenlosen Hotspot.

NOTRUFNUMMER

Tel. 112: allgemeine Notrufnummer für Polizei, Unfall/Notarzt, Feuerwehr.

ÖFFNUNGSZEITEN

- **Einzelhandelgeschäfte:**
  Mo–Mi 10–18, Do–Fr 10–20,
  Sa 10–13 Uhr, Ausnahmen möglich.
- **Post am Hauptbahnhof:**
  Mo–Fr 8–20, Sa 9–14 Uhr. Andere Filialen: Mo–Fr 9/10–17/18, Sa bis 12 Uhr
- **Öffnungszeiten der Banken:**
  Mo–Mi und Fr 10–16, Do bis 18 Uhr.

PORTO

Postkarten sind nach Deutschland fünf Tage unterwegs. Briefe bis 250 g und Postkarten kosten 25 DKK.

💬 URLAUBSKASSE

• Tasse Kaffee:	3 €
• Softdrink:	2,50 €
• Glas Bier 0,5 l:	6 €
• Hotdog:	3,50 €
• Bio-Hotdog:	4,50 €
• Smørrebrød:	3,60–8 €
• Taxi (ca. 10 km):	25 €

Kopenhagen kann man im Kajak erkunden

RAUCHEN

In öffentlichen Gebäuden und Restaurants darf nur vor der Tür geraucht werden. Ausnahmen können kleine Kneipen ohne Verzehr machen.

STADTBESICHTIGUNGEN

- **beCopenhagen**
  Diverse Stadtrundfahrten mit dem memover, einem Elektroroller.
  Fortunstræde 1,
  1065 København K, Tel. 3314 2040,
  www.becopenhagen.dk
- **Copenhagen Food Tours**
  Acht Stopps mit ausgiebigen Kostproben und unterhaltsamen Hintergrundgeschichten über die kulinarische Metropole Skandinaviens.
  Frederiksborggade 21,
  1360 København K,
  Tel. 5012 3645, www.foodtours.eu
- **CPH:cool**
  Stadttouren und -rundgänge zu ungewöhnlichen Orten, mitten hinein in das urbane Leben.

Vesterbrogade 4,
1620 København V, Tel. 5058 2824,
www.cphcool.dk
- **Cycling Embassy of Denmark**
  Geführte Radtouren zu bekannten Sehenswürdigkeiten und diversen Geheimtipps.
  Rømersgade 5,
  1362 København K,
  Tel. 4070 8362,
  www.cycling-embassy.dk
- **Go eScooter**
  Mit einem E-Roller zu allen wichtigen Attraktionen.
  Løngangstræde 19,
  1468 København K,
  Tel. 2064 9664,
  www.go-escooter.dk
- **Hop On Hop Off**
  Große Rundtour mit Doppeldeckerbussen. Infos per Kopfhörer in diversen Sprachen. An jedem Haltepunkt ist der Ausstieg und die spätere Weiterfahrt möglich.
  Gammel Strand,
  1202 København K,
  Tel. 3296 3000,
  www.stromma.dk
- **Kayak Republic**
  Geführte Kajaktouren durch den Hafen und die Kanäle.
  Børskaj 12,
  1221 København K,
  Tel. 2088 4989,
  www.kayakrepublic.dk
- **Netto-Bådene**
  Start ist am Nyhavn (Anlegestelle Kongens Nytorv). Von dort geht es durch den Hafen und die Kanäle.
  Nyhavn, 1056 København K,
  Tel. 3254 4102,
  www.havnerundfart.dk/canaltours
- **Nordic Noir Tours**
  Stadtrundgänge zu den Drehorten von bekannten TV-Serien wie »Die Brücke« oder »Borgen«, und Kinofilmen wie »Danish Girl«.

Vesterport Station,
1612 København V,
www.nordicnoirtours.com

- **Running Tours Copenhagen**
Laufgruppen und Thementouren auf Strecken von 5 bis 15 km Länge, auch für Familien.
Børskaj 12, 1221 København K,
Tel. 2058 5877,
www.running-copenhagen.dk

- **Sandeman's New Copenhagen Tours**
Kostenlose Stadtrundgänge (Trinkgeld erlaubt) starten im Sommer täglich um 11 Uhr am Rathaus.
Københavns Rådhus, I
599 København V,
www.newcopenhagentours.com

- **Tourist Guides**
Rundgänge und Fahrradrundfahrten mit offiziellen Stadtführern, auch zu Themen: Architektur oder Drehorte.
Nørregade 41, 1165 København K,
Tel. 3311 3310, www.guides.dk

TELEFON

Von Deutschland nach Dänemark wählt man die internationale Ländervorwahl 00 45 und die achtstellige Telefonnummer. Ortsvorwahlen gibt es in Dänemark nicht.

Europäische Handys funktionieren im dänischen Mobilfunknetz, das (fast) flächendeckend ist, einwandfrei. Die achtstelligen dänischen Handynummern beginnen in der Regel mit 20, 31, 40, 42, 50, 53, 60, 61, 71, 81, 91, 93. Es gibt die Mobilfunkbetreiber Tele Danmark Mobil (TDC), 3, Telia, Telenor. In Dänemark sind Prepaidkarten, relativ preiswert, z. B. Lycamobile, Lebara.

Bei Telefonaten von Dänemark aus gelten die folgenden internationalen Vorwahlen:

- nach Deutschland 00 49
- nach Österreich 00 43
- in die Schweiz 00 41

TRINKGELD

Im Allgemeinen ist Trinkgeld in Dänemark nicht üblich. In Restaurants freut sich der Service dennoch, wenn Gäste etwas Geld auf dem Tisch zurücklassen.

ZOLL

Für EU-Bürger sind Waren für den privaten Bedarf zollfrei. Schweizer dürfen Waren im Gesamtwert von 300 CHF zollfrei einführen, darunter max. 250 Zigaretten, 1 l Alkoholika über 15 Vol-% oder 5 l unter 18 Vol-%.

💬 **GUT ZU WISSEN**

- **Copenhagen Card:** Die Karte ist 24, 48, 72 oder 120 Stunden gültig und kostet 399, 569, 689 oder 899 DKK bzw. 54, 77, 93 oder 121 Euro für Erwachsene, Kinder zahlen etwa die Hälfte. Sie bietet kostenlose Beförderung mit Bahn, Metro und Bus in der Hauptstadtregion, außerdem freien Eintritt zu 79 Museen und Sehenswürdigkeiten sowie Rabatte bei weiteren Attraktionen, Aktivitäten und in Restaurants. Die »Copenhagen Card App« informiert über die aktuellen Ermäßigungen (www.copenhagencard.com).
- **Øresund Rundt:** Das 2-Tages-Ticket gilt für eine Fährfahrt zwischen Helsingør und Helsingborg, die Querung der Øresundbrücke sowie für diverse Bahnen und Busse an der dänischen und schwedischen Øresundküste. Für 249 DKK (ca. 33 Euro, Verkauf: Visit Kopenhagen) kann man also eine Rundtour um den Öresund machen und diese z. B. in Malmö, Helsingør oder auch Louisiana unterbrechen.

REGISTER

BILDNACHWEIS

Coverfoto Stadtteil Ørestad, Kopenhagen © laif/Haenel, Gerald
Fotos Umschlagrückseite Huber Images/Rellini, Maurizio (links); Jahreszeiten Verlag/Koschel, Philip (Mitte); Shutterstock/Perugini, William (rechts)

Alamy/Bruce yuanyue Bi: 36; Alamy/Jakito: 18; Alamy/Petersen, Kim: 38; Alamy/Underhill, Joanne: 114; Alamy/Egimages: 27; Alamy/Kettunen, Heini: 12; Alamy/Shopping/Forsberg, Peter: 146; Alamy/Travel Collection: 120; Alamy/View Pictures Ltd: 101; AWL Images/ClickAlps: 93; AWL Images/Ledger, Nick: 20/21; Fotolia/Tanya 145; Gettyimages/Kishiyama, L. Thoshio: 23, 137; Huber Images/Gräfenhain, Günter: 73, 84, 99; Huber Images/Rellini, Maurizio: 50/51, 68/69; Jahreszeiten Verlag/Koschel, Philip: 9, 60; laif/Als, Christian: 40; laif/hemis.fr/Maisant, Ludovic: 105, 134; laif/hemis/Gardel, Bertrand: 65, 118; laif/hemis/Gerault, Gregory: 141; laif/Le Figaro Magazine/Gladieu: 15; laif/Rabouan, Jean Baptiste: 103; laif/VU/Posselt, Laerke: 126; mauritius images/Bäck, Christian: 46; Pinck, Axel: 8; plainpicture/Anzenberger, Toni: 10; Ridder-Nielsen, Kristian: 109; Royal Copenhagen: 45; Royal Palaces/Jensen, Thorkild: 77; Seasons agency/Jalag/Gammelmark, Sören: 70; Seasons.agency/GourmetPictureGuide: 14, 33; Shutterstock/Aleksandravicius, A.: 89; Shutterstock/Andronov, Leonid: 102; Shutterstock/Bildagentur Zoonar GmbH: 80; Shutterstock/Doggett, Mary: 13; Shutterstock/egd: 90; Shutterstock/Foerstner, Oliver: 136; Shutterstock/Friis, Kjeld: 67; Shutterstock/George, Kevin: 19; Shutterstock/jkimson: 53; Shutterstock/katatonia82: 113; Shutterstock/kimson: 30; Shutterstock/Kostina, Zoia: 138; Shutterstock/kruhlenia, aliaksei: 17; Shutterstock/Moravcik, Jaroslav: 55; Shutterstock/Otap, Tomasz: 129; Shutterstock/Perugini, William: 6/7; Shutterstock/S-F: 83; Shutterstock/She: 49; Shutterstock/Telia: 149; Shutterstock/Tupungato: 151; Shutterstock/Tveit, Lillian: 132; Shutterstock/Vlada Photos: 29; Shutterstock/Vonka, Martin D.: 125; Shutterstock/Zastavkin, Serg: 59; Visit Denmark: 63, 79, 106; Visit Denmark/Cyranek, Ireneuzs: 24; Visit Denmark/Perjesi, Nicolai: 95; Visit Denmark/Jessen, Niclas: 43; Visit Denmark/Rousing, Thomas: 152; Visit Denmark/Skjoldborg, Robin: 96; Visit Denmark/Ukendt: 16, 144; Wikipedia/CC-BY SA 3.0/Bach, Kim: 75.

Liebe Leserin, lieber Leser,
wir freuen uns, dass Sie sich für diesen POLYGLOTT on tour entschieden haben.
Unsere Autorinnen und Autoren sind für Sie unterwegs und recherchieren sehr gründlich, damit Sie mit aktuellen und zuverlässigen Informationen auf Reisen gehen können.
Dennoch lassen sich Fehler nie ganz ausschließen. Wir bitten Sie um Verständnis, dass der Verlag dafür keine Haftung übernehmen kann.

Ihre Meinung ist uns wichtig. Bitte schreiben Sie uns:
GRÄFE UND UNZER VERLAG
Postfach 86 03 66, 81630 München, Tel. 0 89 / 419 819 41
www.polyglott.de

LESERSERVICE
polyglott@graefe-und-unzer.de
Tel. 0 800 / 72 37 33 33 (gebührenfrei in D, A, CH), Mo–Do 9–17 Uhr, Fr 9–16 Uhr

1. Auflage 2019

© 2019 GRÄFE UND UNZER VERLAG GmbH, München
Dieses Buch wurde auf chlorfrei gebleichtem Papier gedruckt.
ISBN 978-3-8464-0321-1

Bei Interesse an maßgeschneiderten B2B-Editionen:
gabriella.hoffmann@graefe-und-unzer.de

Bei Interesse an Anzeigen:
KV Kommunalverlag GmbH & Co KG
Tel. 089/928 09 60
info@kommunal-verlag.de

Redaktionsleitung: Grit Müller
Verlagsredaktion: Anne-Katrin Scheiter
Autor: Axel Pinck
Redaktion: Renate Nöldeke
Bildredaktion: Nora Goth
Mini-Dolmetscher: Langenscheidt
Umschlaggestaltung & Layout:
Independent Medien Design, München
Horst Moser (Artdirection), Lucie Heselich
Karten und Pläne: Theiss Heidolph
und Kunth Verlag GmbH & Co. KG
Satz: Tim Schulz, Mainz
Herstellung: Anna Bäumner
Druck und Bindung:
Printer Trento, Italien

PEFC
PEFC/10 31 506

GRÄFE
UND
UNZER

Ein Unternehmen der
GANSKE VERLAGSGRUPPE

MINI-DOLMETSCHER DÄNISCH

ALLGEMEINES

Guten Morgen.	God morgen. [go‿**mohrn**]
Guten Tag.	Goddag. [go**däh**]
Guten Abend.	God aften. [go‿**afdn**]
Hallo!	Hej! [haj]
Wie geht's?	Hvordan går det? [word**än** gohr‿de]
Danke, gut.	Tak, meget godt. [tag, **maj**ə godd]
Ich heiße ...	Jeg hedder ... [jaj **he**ðər]
Auf Wiedersehen!	Farvel! [far**well**]
Morgen	morgen [mohrn]
Nachmittag	eftermiddag [**efd**ərmeddä]
Abend	aften [**afdn**]
Nacht	nat [nädd]
morgen	i morgen [i‿**mohrn**]
heute	i dag [i‿**däh**]
gestern	i går [i‿**gohr**]
Sprechen Sie Deutsch / Englisch?	Taler du tysk / engelsk? [**täh**lər du tüssg / **enge**lssg]
Wie bitte?	Hvad siger du? [wä **ßi**hər du]
Ich verstehe nicht.	Det forstår jeg ikke. [de for**stohr** jej eggə]
Würden Sie es bitte wiederholen?	Vil du godt gentage det? [will du **godd genn**täh de]
Bitte sehr!	Værsgo! [**wär**sgoh]
danke	tak [tag]
Keine Ursache.	det var så lidt [de wahr ßo **lidd**]
was / wer / welcher	hvad / hvem / hvilken [wä / wemm / **wilk**ən]
wo / wohin	hvor / hvorhen [wor / wor**henn**]
wie / wie viel	hvordan / hvor meget [word**än** / wor‿**maj**əð]
wann / wie lange	hvornår / hvor længe [wor**nohr** / wor **läng**ə]
Wie heißt das?	Hvad hedder det? [wä **he**ðər de]
Wo ist ...?	Hvor er ...? [wor er]
Können Sie mir helfen?	Kan du hjælpe mig? [kä‿du **jäl**be maj]
ja	ja [jä]
nein	nej [naj]
Entschuldigen Sie.	Undskyld. [on**ßgüll**]
Das macht nichts.	Det gør ikke noget. [de **göhr** eggə **noh·**əð]

SHOPPING

Wo kann ich ... bekommen?	Hvor kan jeg få ...? [wor kä‿jaj **foh**]
Wie viel kostet das?	Hvor meget koster det? [wor **maj**ə koßdər de]
Wo ist eine Bank?	Hvor er der en bank? [**wor** er dər en **bank**]
Ich möchte Geld wechseln.	Jeg vil gerne veksle valuta. [jaj wil **gern**ə **weg**ßlə wäluddä]
Geben Sie mir 100 g Käse / zwei Kilo Tomaten, bitte.	Hundrede gram ost / to kilo tomater, tak. [**honr**əðə gramm oßd / **tu** kilo to**mäh**dər, **tag**]
Haben Sie deutsche Zeitungen?	Har du tyske aviser? [hahr du **tüssg**ə awihßər]
Wo kann ich telefonieren / eine Telefonkarte kaufen?	Hvor kan jeg telefonere / købe et telefonkort? [**wor** kä‿jaj teləfo**nehr**ə / **köh**bə ed teləfohnkord]

ESSEN UND TRINKEN

Die Speisekarte, bitte.	Kan jeg se spisekortet, tak? [kä‿jaj‿**ße**e spih**ß**əkorded, tag]
Brot	brød [bröhð]
Kaffee	kaffe [**kaff**ə]
Tee	te [teh]
mit Milch / Zucker	med sukker / mælk [me‿**ßogg**ər / mälg]
Orangensaft	appelsinjuice [abbel**ß**indjuhs]
Suppe	suppe [ß**obb**ə]
Fisch	fisk [fessg]
Schalentiere	skaldyr [**skähl**dühr]
Fleisch	kød [köhð]
Geflügel	fjerkræ [**fj**erkräh]
Kartoffeln	kartofler [kar**tof**lər]
Gemüse	grønsager [**grönn**ßähər]
Salat	salat [ß**äläh**d]
vegetarische Gerichte	vegetariske retter [wegə**tah**resgə **redd**ər]
Eier	æg [ägg]
dän. Hotdog (mit Gurken und Röstzwiebeln)	pølse (med agurker og ristede løg) [**pöl**ßə með **ä**gurgər o **rest**əðə loj]
Dessert	efterrett [**efd**əredd]
Obst	frugter [**frogd**ər]
Eis	is [ihs]
Weiß- / Rot- / Roséwein	hvid- / rød- / rosévin [**wid**- / **röö**- / roß**eh**wihn]
Faßbier	fadøl [**fä**öl]
Wasser	vand [wänn]
Mineralwasser	dansk vand [dänsk wänn]
Limonade	læskedrik [**läss**kədrikk]

MEINE ENTDECKUNGEN

....

....

....

....

....

....

....

....

....

....

....

....

....

....

....

....

....

....

Teilen Sie Ihre Entdeckungen auf facebook.com/Polyglottreisewelt.

CHECKLISTE KOPENHAGEN

Nur da gewesen oder schon entdeckt?

☐ **KAUFRAUSCH IN ILLUMS BOLIGHUS**
Die dänische Designwelt in all ihrer Schlichtheit und Vielfalt
steht am Amagertorv zur Wahl. › S. 101

☐ **SKANDINAVISCHE GASTRONOMIE**
Beste Fischgerichte serviert Kødbyens Fiskebar in der lässig-
entspannten Atmosphäre auf dem Gelände des alten Fleisch-
großmarkts. › S. 36

☐ **FRISCHE BRISE IN DER STADT**
In einem der vom Kopenhagener Architekten Bjarke Ingels
entworfenen Havnebadet schwimmt man im Hafenwasser. › S. 12

☐ **FAHRRADFAHREN ALS ABENTEUER**
Als Radfahrer genießt man in Kopenhagen spezielle Schnellwege
und Brücken – aber Vorsicht: Die Städter sind mit hohem Tempo
und in Massen auf dem Fahrrad unterwegs. › S. 13

☐ **FASZINATION DRINNEN UND DRAUSSEN**
Das Statens Museum for Kunst vereint die schönsten Seiten
Kopenhagens, hohe Kunst, neue Architektur und grüne
Parkanlagen. › S. 94

☐ **ALTERNATIVE SZENE**
Bei einem Bummel durch die Istedgade in Vesterbro lässt die der
den Wandel vom Rotlicht- zum Szeneviertel bestens nachvoll-
ziehen. › S. 119

☐ **KOPENHAGEN VOM WASSER AUS**
Wer mit dem Kajak durch
Hafen und Kanäle paddelt,
gewinnt unbekannte
Stadteinsichten. › S. 12

🗨 **MITBRINGSEL**

• **Flagbolcher:** Sømods Bolcher
fabriziert Bonbons in den dänischen Farben. › S. 17
• **Designerstück:** Das Tee-Ei von
Normann Kopenhagen macht
immer Freude. › S. 17